割澤靖子
Warisawa Yasuko

心理援助職の成長過程

ためらいの成熟論

Ψ 金剛出版

推薦のことば

　本書は一見，地味な印象を与えるかもしれない。しかしこの中には，事実に基づく誠実な思索が結晶化されて，心理専門職の成長過程の促進要因が明示されている。いや，心理専門職としての成熟に止まらず，どの領域においても，専門職が仕事の場で，よい協調性を維持しつつより有為に役割を担い，いかに向上して行けるか，その過程に通底している専門職としての成熟に必要な要因が描出されている。従って，心理専門職者に限らず，さまざまな領域の専門職者にぜひ参考にしていただきたい書物である。ここで取り上げられている考察の対象は比較的初心者であるが，明らかにされた成熟要因は実は熟練者にとっても，日々新たに向上していく意味で，また，後続の若い人々を育成・支援するためにも必ず参考になると思われる。

　割澤靖子さんは9年前，指導教官の故中釜洋子東大教授のご紹介で論文のコメントを求めて来訪された。臨床実践にまつわる諸々の課題，論文執筆についてのご相談をうけることを通して共に学ぶことになり今日に至っている。割澤さんは既成の理論をよく学びつつも，理論に合致する事実を現実の中から選び取るのではなく，いろいろな角度から事象を捉え，熟考されるところ，ことに当たっての姿勢の素直さが当初から際立ち，質のよい成長をされるであろうと想像したが，まさしくその道を歩んでおられる。

　現在は修士課程修了時から非常勤勤務されていた産業・組織領域で，企業内心理職として活躍されている。若くして，割澤さんはいわゆる面接相談やコンサルテーションなどの個別対応の他に，組織分析とその改善，教育研修，広義のメンタルヘルス対策など，幅広くかつ基幹的な業務に現在は携わっていらっしゃる。いわば産業・組織領域で心理職が本来の特色を発揮して真に役立つ先鞭を付けておられるその一人になられたと思われる。

事象を多面的に捉え，バランス感覚を働かせて，瑕疵ばかりでなく，潜んでいる問題解決の可能性を見いだし，対応策を提言されるところは，9年前，コメントを求めて事例を提示された時の割澤さんの基本姿勢と繋がるところがある。当時の実践においても，割澤さんは発達障害児の言葉にしえない，苦しみ，怖れ，つまりは彼の体験世界を汲みとって，かつそれらを彼を取り巻く全体状況と関連させて考え，治療者的家庭教師としての自分の役割の取り方に活かそうと腐心されていた。

　大小を問わず，責任を担う立場にあって，専門職者として，昨日よりは今日，今日よりは明日，とほんのささやかでも成長したい。この意味で，本書は自分や人の成長を願う人々に貴重な示唆を与えてくれるであろう。加えて，公認心理師法が漸く成立し，心理援助職の教育研修過程の整備が急がれる現在にあって，本書には心理援助職の育成過程を充実させるために裨益する大切な要因が述べられている。

大正大学名誉・客員教授／日本心理研修センター理事長　村瀬嘉代子

推薦の辞

　日本の心理援助職は，現在，大きな曲がり角にさしかかっている。2015年9月に，心理援助職の50年来の悲願であった国家資格化の実現となる公認心理師法が成立した。心理援助職にとって国家資格化までのプロセスは，山岳地帯の長いトンネルを走っているようなものであった。途中，明るい兆しを感じて国家資格化の地平が見えてくるのかとの期待をもつこともあった。しかし，それも束の間ですぐに次のトンネルに入り，長く暗い道のりを進まなければならなかった。それが，漸くトンネルを抜けることができたのである。

　国家資格化が光の見えない道程であったために，心理援助職の教育訓練過程も整備されたものにはなっていなかった。大学院の教育課程では，さまざまな学派がそれぞれの目標を立て，自らの教義に従って教えるという混乱した事態が生じていた。我が国ではメンタルヘルス問題の解決が社会的課題となっており，心理援助職へのニーズが高まってきていた。しかし，教育訓練システムの未整備のために，初学者は，ニーズに応えられるだけの教育訓練を受けられないまま現場に出ざるを得ない状況に置かれていた。

　本書は，このような初学者の学習状況の実態を質的研究法によって丹念に把握した上で，個々の状況に則した教育訓練のあり方を提案した博士論文の成果を書籍として再構成したものである。著者の割澤靖子さんは，大学院に在籍していたほとんどの期間において，私の同僚であった中釜洋子教授の指導の下で臨床と研究の研鑽を積んでいた。しかし，中釜教授が思いもよらぬ病を得て急逝したため，割澤さんは，博士課程の最後の段階で私の研究室に移籍してきた。そして，本書を書き上げた。

　上述したように我が国の心理援助職の教育訓練過程は，平坦な道のりを

進むというものではなかった。しかも，著者の割澤さんは，博士課程で全幅の信頼を置いていた指導教員を喪うという辛い経験をしている。彼女は，そのような困難を乗り越えて心理援助職として成長し，本書を書き上げた。彼女は，本書において自らと同じように右往左往しながら進んできている初学者に寄り添いながら，その成長過程を分析し，有るべき学びのポイントを提示している。

　我が国の心理援助職は，国家資格化という長いトンネルを抜けることはできた。しかし，すぐに平坦に道のりになるわけではない。これからも初学者は，本書で記載されているような紆余曲折の道筋を経て成長していかざるを得ない。その点で本書は，心理援助職の初学者だけでなく，心理援助職を育てる大学関係者，さらには現場で心理援助職の指導をする心理職も含めて，メンタルヘルスに関わるすべての人々に読んでいただきたい書物である。

　　　　　　　　　　　出版を最も喜んでおられる中釜洋子先生の思い出とともに
　　　　　　　　　　　東京大学大学院・臨床心理学コース教授　下山晴彦

心理援助職の成長過程

ためらいの成熟論

目次

- 推薦のことば／村瀬嘉代子 ── 003
- 推薦の辞／下山晴彦 ── 005

序論　**ためらいの成熟論** ───────────────── 013

第Ⅰ部　研究を始める

第1章　**臨床心理学を定義する** ───────────── 021
研究の予備考察

- 1 − 臨床心理学の歴史的発展 ── 022
- 2 − 臨床心理学の構造的特徴 ── 027
- 3 − 日本の臨床心理学の特徴 ── 030

第2章　**心理援助職の技能的発達を考える** ─────── 038
研究の比較考察

- 1 − 欧米の心理援助職の技能的発達に関する検討 ── 038
- 2 − 日本の心理援助職の技能的発達に関する検討 ── 049
- 3 − 心理援助職の技能的発達研究の現状と課題 ── 066

第2部　事例から考える

第3章　**成長過程の第1ステージ** ──────────── 071
大学生ボランティア経験と「ポジションの移行」

- 1 − 調査研究の概要 ── 071
- 2 − 成長過程の第1ステージにおける学習のポイント ── 097
  専門的な学習を始める前に

第4章 成長過程の第2ステージ ——— 103
大学院教育・訓練と「主体的トライアル・アンド・エラー」

- 1 − 調査研究の概要 ——— 104
- 2 − 成長過程の第2ステージにおける学習のポイント ——— 133
  専門的な学習を始めたら

第5章 成長過程の第3ステージ ——— 139
臨床実務経験と「実践知の獲得」

- 1 − 調査研究の概要 ——— 140
- 2 − 成長過程の第3ステージにおける学習のポイント ——— 162
  実務経験を積むにあたって

第6章 成長過程の第4ステージ ——— 168
スクールカウンセリングと「協働・関係構築の技法」

- 1 − 調査研究の概要 ——— 170
- 2 − 成長過程の第4ステージにおける学習のポイント ——— 191
  より良い協働・関係構築のために

結論 心理援助職における「成長の最近接領域」 ——— 195

あとがき ——— 203
文献 ——— 209
索引 ——— 219

割澤靖子

心理援助職の成長過程

ためらいの成熟論

序論
ためらいの成熟論

　自分は何を学んできたのか。そして何を学べていないのか。
　そもそも心理援助職の初学者に求められる学びとはどのようなものか。

　本書は，筆者がこうした問いの答えを求めて取り組んだ博士論文を改訂し再構成したものである。
　上記の問いからもお察しいただける通り，筆者自身，心理援助の学び方を上手くつかめず，つねに「これでいいのかな？」と漠然とした不安を感じながら手探りで学びを進めてきた。
　臨床心理士を志し大学院に入学して間もない頃，ロールプレイの講義があった。二人一組でカウンセリング場面のロールプレイを実施し，セラピスト役の学生の応答の仕方について議論する，という形式の講義である。当時の筆者の応答は，言い換え，要約，感情の反射など，学習したばかりのスキルに囚われ，ロボットのようにぎこちないものであった。先生方に苦笑とともに全否定されたことを今でもよく覚えている。
　その後，夏休みには試行カウンセリングを行った。実際にケースを担当する前に，他大学の院生と通常の枠組みに則ってカウンセリングの模擬練習を行う，という実習である。初対面の人の話を50分間ひたすら聞きつづけるという初めての体験を前に，筆者としては入念に準備したつもりであったが，事前の講義で叩き込まれたいろいろな"お作法"に気を配りながら話を聞けた時間は，多く見積もっても最初の15分程度であろう。早々にお手上げ状態になり，ただ話を聞くだけのスタンスに勝手に切り替えた。しかし，スーパーヴィジョンでは，「このあたりからは良くなっているわね」

と，筆者としては白旗を揚げた後のやりとりだけを褒めていただいた。

そして，初めて担当したプレイセラピーでは，適切な振る舞い方がわからず身動きが取れなくなった。"日常とは異なる特別な関わり"を提供する術をもたない自分が，何をどうすれば良いのか，まったくわからなかったのである。そんな筆者の混乱に対し，スーパーヴィジョンでは「あまり深く考えず，今まで自分がやってきたように関わってみて」とアドバイスを受けた。そして，言われた通り深く考えずに関わってみると，「いいじゃない」と肯定されたのである。

当時の筆者の混乱を少しはおわかりいただけるだろうか。専門家の卵として学習したこと，試みたことが，ことごとく失敗に終わる不全感と無力感。しかし，これまでのやり方や自分らしさを肯定してもらえる安堵感と心地よさ。「これでいいのかな？」「ちゃんと学べているのかな？」と，拭うことのできない漠然とした不安。これが筆者の問いの出発点である。

その後も，さまざまな壁にぶつかっては反省と試行錯誤を繰り返す毎日であったが，スーパーヴァイザーの絶妙な問いかけにたくさんの視点や手がかりを得ながら，少しずつ自分なりの気づきを獲得していった。

たとえば，筆者が初めて言語面接を担当したのは，ソーシャル・スキル・トレーニングを目的に来談した発達に偏りをもつ男の子との面接であった。彼とのやりとりを通して得られた気づきについては，博士課程1年次に事例論文としてまとめているが（割澤，2009），今振り返っても，自分にとっては大切にしたい気づきが凝縮されている。以下，事例論文の考察の一部を抜粋する。

> 他者とやりとりする力を育てるには，子どもの内に秘められた思いに目を向けることが重要だと考える。やりとりをするためのスキルの向上や，語彙力を身につけることなどももちろん必要である。しかし，それ以前に，「人と関わりたい」「人と関わって楽しい」という気持ちを実感できるよう，内に秘めた思いにじっくりと耳を傾け，丁寧に関わっていくことが，その子どもの他者と関わるエネルギーを喚起する

ことに繋がるのではないだろうか。

　やりとりをするうえで、足りない部分をこちらが補うという視点が重要だと考える。発達に偏りをもつ子どもたちは、自分の思いを言葉にしたり、相手に伝えたりするスキルを、自分一人では十分に活用できない場合も少なくない。そんな時、"スキルを習得させる"といった視点ではなく、足りない部分をこちらがいかにして補えるか、どうすれば目の前にいる子どもが少しでもスムーズにやりとりをできるようになるか、とこちらのあり方を常に問い直しながら関わることが、子どもとの繋がりをより確かなものとし、豊かなやりとりを生み出すきっかけになるのではないだろうか。

　子どもの成長や年齢に応じた発達課題などを視野に入れたうえでの個に応じた支援が重要だと考える。［…］子どもは一人ひとり異なる個性をもつ存在であると同時に、日々成長する存在である。個に応じた支援を見出したと思っても、次の瞬間には、子どもはまた一歩成長し、新たな一面を見せている。また、一人の子どもに対する支援を、そっくりそのまま他の子どもに適用することもできない。そのことを念頭に置き、目の前にいる子どもの一瞬一瞬の状態に応じて、常に支援のあり方を柔軟に変化させていくことが、子どもが自分らしく主体的に生きていくための支えとなるのではないだろうか。

　上記の気づきは、あくまで当時の筆者が、1つのケースを担当することを通して獲得したものにすぎない。同様のケースを別のタイミングで担当したとすれば、得られる気づきもまた全然違ったものとなっただろう。しかし、1人ひとりのクライエントとの出会いのなかで、その時々の自分に得られうる気づきを最大限つかみとれるよう全力を注ぐ、そんな学び方に面白さを感じられるようになったことが、筆者なりの成長であると感じている。

そして，このような小さな気づきを積み重ねた結果，初期の混乱は徐々に収まり，「学んだ実感は確かにある。でも何を学んできたのだろう？」と考えるようになった。
　特定の専門知識に即したスキルを磨いたわけでもなく，特定の領域や特定の年代，特定の疾患に特化した支援のノウハウを身に付けたわけでもない。そして，「これでいいのかな？」という不安が払拭されたわけでもないが，「何も学べていない」と感じているわけでもない。しかし，何を学んだのかを問われると，それを上手く言葉にすることができない。何とも説明できないもどかしい感覚である。
　こうしたもどかしさを原動力に，筆者は，研究テーマを変更するという道を選択した。テーマ変更といっても，当時はすでに博士課程に進学してから3年近く経過しており，博士論文を提出し終えた同期もいた頃である。当初取り組んでいた他職種との協働に関する研究をそのまま発展させたほうが，明らかに博士論文提出には近道だったが，「自分は何を学んできたのか。そして何を学べていないのか。そもそも心理援助職の初学者に求められる学びとはどのようなものか」という問いを，探究してみたいという思いのほうが強くなっていた。無謀とも言えるこの時期のテーマ変更に，「あなたらしいわね」と笑って後押ししてくださった当時の指導教員には，心より感謝申し上げたい。
　博士論文を執筆するにあたって，どうしても外せなかったのが，本書の第3章に示した大学生ボランティアに関する研究である。ボランティア経験を必須としない現行の臨床心理士養成カリキュラムを念頭に置いた場合，少し異質に感じられる章であろう。しかし，上述の通り，スーパーヴィジョンでの「あまり深く考えず，今まで自分がやってきたように関わってみて」というアドバイスが学びの出発点となっている筆者にとって，「今まで自分がやってきたように」というのは，このボランティア経験に強く影響を受けたものであった。混乱しわからなくなるたびに繰り返し立ち戻ってきた当時の体験は，筆者にとっては学びの原点とも言えるものである。また，当時ともに活動に取り組んだ友人たちのなかには，現在，教職，福祉

職，医療職などの対人援助職に就いている者も少なくないが，「ボランティアで得た学びは大きかったよね」と数年経った後にも話し合うほどに，当時の体験は大切な共有体験となっていた。

　そう考えると，当時の体験は，ある普遍性のある学びの体験だったのではないだろうか。だとしたらそれは一体何なのだろうか。そして，当時の体験が普遍性のある学びだとすれば，ボランティア経験から得られる学びと，専門的な教育・訓練を通して得られる学びは，何が共通し，何が異なるのであろうか。そのような問いを探究してみたいと思った。この問いについては，第4章にて，第3章との比較を通して検討することになる。

　もう1点，博士論文を執筆するにあたって，筆者がこだわったポイントは，学び方の"個人差"について検討することである。既述の通り，筆者自身は，ボランティア経験を原点として，スーパーヴィジョンで自分らしさを十分に尊重していただきながら，歩みの遅い学びを進めてきた。一方，ボランティア経験とはごく個人的な経験であり，すべての初学者に共通するものではない。だとしたら，他の初学者は何を感じ，何を考えながら学んでいるのであろうか。それは，自身の学びとどのように共通し，どのように異なるのであろうか。それぞれに個人的な経験次第で学び方が異なるのだとすれば，何を以て"心理援助職として必要なことを学んだ"と判断するのであろうか。そうした問いの答えを，追求してみたいと考えた。この問いは，第2部全体に関わる問いではあるが，特に第4章と第5章を中心に検討することになる。

　結論から述べると，博士論文の執筆と今回の改訂を通して，筆者のなかでは冒頭に示した問いの答えが見つかったように感じている。本書で示す学習の原則は，決して特別なものではないかもしれない。しかし，それゆえに，筆者と同じように迷いながら手探りで学びを進めている初学者の皆様にとっても，腑に落ちるものとして受け取っていただけるのではないだろうか。また，指導者，上司，先輩として，初学者と接する機会のあるすべての皆様にも，本書をお手に取っていただき，忌憚のないご意見・ご批判を伺えたならば幸いである。

＊

　本書は，2つの部から構成されている。
　第1部では，先行研究の概観をもとに，冒頭の問いの答えを求めることにした。第1章では，立場の矛盾するさまざまな理論や学派によって構成され，かつ，国によって概念や定義も異なる「臨床心理学」という学問そのものについて，全体像の再整理を試みている。各論で見ると議論が不十分な点が多くあることは否めない。しかし，筆者と同様に「臨床心理学」という学問自体の枠組みの曖昧さに困惑しながら学びを進めてきた方がいらっしゃるとすれば，本章を1つの参照枠としてご活用いただけると幸いである。第2章では，心理援助職の技能的発達研究から得られる既存の知見の整理を試みている。欧米と日本の知見を別々に整理することで，欧米と日本では「臨床心理学」の発展の道筋が異なる，という現状の課題を無視することなく研究動向を概観することを目指した。なお，第2章は，第1章で整理した「臨床心理学」の学問的特徴を前提に整理していることから，第1章と併せてお読みいただけると幸いである。
　第2部では，調査研究を通して，冒頭の問いの答えを求めることにした。第3章では大学生ボランティア経験がもたらす学びについて，第4章では大学院教育・訓練がもたらす学びについて，そして，第5章では臨床実務経験がもたらす学びについて，各ステージにおける初学者の変化のプロセスと個人差を具体的に検討している。また，第6章は，第5章の発展形に位置する章である。他職種との協働・関係構築について検討する目的で，スクールカウンセリングを取り上げた。そして，各章の終わりには，各ステージにおける学習のポイントを提示している。学習のポイントは，各ステージの学習を積み上げるイメージでまとめているため，第3章から第6章までは，提示している順にお読みいただけると幸いである。

第I部
研究を始める

第Ⅰ章
臨床心理学を定義する
研究の予備考察

　本章では，心理援助職の技能的発達の検討の前段階として，まずは臨床心理学という学問の全体像を整理する。臨床心理学とは，立場の矛盾するさまざまな理論や学派から成る学問である。それゆえに，学問の成立から100年が経過した現代においても，定義を統一化することの難しさが指摘されている（森野，1995；下山，2001aなど）。加えて，臨床心理学の概念自体が国によってかなり異なることも指摘されており（下山，2001a），欧米における理論や知見が日本においてもそのまま適用可能であるとは限らない。一方，欧米と日本の臨床心理学の特徴や共通点・相違点について整理したものは，下山（2001b，2001c，2010）などわずかであり，学問として全体像が整理されているとは言い難いのが現状である。

　こうした現状に対し，下山（2010）は，「学習しようとする学問がどのようなものであるかが明確ではないということは，学習の内容が曖昧ということです。それは，学習の目的も方法も曖昧ということです。それで的確な学習ができるのでしょうか」と問題を提起している。実際，学問としての捉えどころのなさが，どこから何を学べば良いのかと，初学者を少なからず戸惑わせていることは確かであろう。

　こうした課題を踏まえ，本章では，複数の書籍や文献に散見される臨床心理学の学問的特徴について，歴史的発展と構造的特徴の2つの視点から整理する。その後，日本の臨床心理学の特徴について，欧米との比較・検討を通して改めて整理することで，本研究の導入とする。

1 －臨床心理学の歴史的発展

1. 理論や学派の多様化・複雑化

　臨床心理学とは，米国ペンシルヴァニア大学の心理クリニック創設を出発点とする学問である。同クリニックの創設者 Witmer が，1896 年，初めて臨床心理学という名称を用いた（下山，2001a）。しかし，当時の臨床心理学の概念は限定的であり，精神分析，行動療法，クライエント中心療法など，起源の異なるさまざまな理論や学派を包括できるものではなかった。そして，それぞれの理論や学派は，時代とともに多様化・複雑化の方向へと発展し，その数は一時 400 にまで膨らんだ（Garfield, 1995）。

　下山（2001a）によると，臨床心理学が多様化・複雑化した背景には，近代科学の発展，および，近代市民社会の発展がある。具体的には，精神と物体，主観と客観を分けて考える二元論を特徴とする近代科学の発展に伴い，「心」の位置づけ方をめぐっても意見が対立し，さまざまな理論や学派が成立した。そして，近代市民社会の発展に伴い，「心」を社会から切り離された個人との関連で位置づけるか，それとも社会的コンテクストのなかに位置づけるかによって，さまざまな学派の違いが生じた。

　近代科学の発展に伴い成立した理論や学派のうち，代表的なものとしては，精神分析，行動療法，クライエント中心療法，認知行動療法などが挙げられる。下山（2007）は，「「心」を自我，イド，超自我の構造とし，意識と無意識のメカニズムとしてとらえようとしたのが精神分析である。「心」を観察可能な客観的な行動として理解しようとしたのが行動療法，逆にあくまでも個人の主観的世界を「心」として理解しようとしたのがクライエント中心療法である。さらに，クライエントの「心」を認知として重視して，行動変化を起こすことを目的とする認知行動療法が提案された」と各理論を区別している。一方，近代市民社会の発展に伴い成立した理論や学派のうち，代表的なものとしては，対人関係論，家族療法，コミュニ

ティ心理学などが挙げられる。下山（2007）は，「対人関係を重視する対人関係論，家族システムとの関連を重視する家族療法，地域の社会的環境を重視するコミュニティ心理学は，「心」を社会的コンテクストの中に位置づけていく学派である」と整理している。

2．統合に向けた動き

　その後，1980年代以降の臨床心理学は，欧米を中心に統合の方向へと発展した。臨床心理学における統合とは，「学派の壁を越えてふたつ以上の理論アプローチを組み合わせたり，ひとつの理論枠組みの中に他の理論から技法や臨床概念の一部を取り入れたり，あるいは個人療法と家族療法など異なる形態の心理療法を組み合わせる試みであり，その目的は，統合される以前の個別のモデルより，より広範な臨床的母集団や問題に効果があって効率のよいセラピーシステムを開発することである」（中釜，2010）。統合が推し進められた背景について，中釜（2010）は，次の5つの項目から整理している。

　1つ目は，"心理療法の発展史にとっての現代"という項目である。1980年代以降，主だった理論が成熟し，カリスマ的リーダーの時代を終えて相互検討・相互批判の時代に入った。同時に，臨床心理士という職能集団が自分たちの活動の説明責任を果たすため，「役立つ心理療法とは何か」という問いを探究する時代となった。こうした学問の発展が，統合の推進につながったとされる。

　2つ目は，"ポストモダニズムという思想的背景"という項目である。「唯一絶対の真実はない」とするポストモダンの新たな認識論は，「どれが優れているか」という問いを「いずれにも優れた点が認められるだろう」「どのような場合に何が役立つか」「誰に何が受け入れられるか」という探究に代えて，相異なる諸理論の共存可能性の道を示した。こうした新たな認識論の提唱が，統合の動きを後押ししたとされる。

　3つ目は，"実証研究が明らかにしたもの"という項目である。米国では，

文献レビューを通して精神分析や内省心理療法による神経症の回復率は自然治癒率を下回ると結論づけた Eysenck（1952）と，同じ文献の再レビューから正反対の結論を導き出した Bergin（1971）の論争を皮切りに，実証研究が発展した。そして，心理療法の効果に関する膨大な数の文献レビューを行った Lambert（1992）が，「さまざまな理論や技法が存在するが，どれかひとつの学派や技法が他に秀でているという差は認められず，むしろ共通因子というべき要素が心理学的治療の効果に関わっている」と結論づけた。こうした実証研究によって導き出された結論が，「どれかひとつ」ではなく，「いろいろ交えてさらに効果を高める」統合の動きの推進力となったとされる。

　4つ目は，"社会の現実的・経済的要請"という項目である。経済効率を重視する立場，とりわけ，管理医療制度（managed care system）が浸透した米国においては，なるべく無駄を省いて少ない回数で何がしかの成果を上げるものこそ良いセラピーだというセラピー観が強調された。そして，診断ごとに効果が実証された介入法を必要最小限に適用することを，保険がカバーするにふさわしい治療行為とみなすようになった。中釜（2010）は，こうした事情を踏まえ，「心理療法の発展が，治療群と対照群を設定しやすく追試が可能な「マニュアル化」「ブリーフ化」の方向に過度に促される現実がある。米国における統合のムーブメントは，上述の事情と相俟って進んだものと理解する視点も必要だろう」と指摘している。

　5つ目は，"統合を推進する団体の誕生"という項目である。1983年に，「心理療法の統合を探究する学会（Society for the Exploration of Psychotherapy Integration：SEPI）」が誕生した。また，1991年には "Journal of Psychotherapy" の刊行が開始され，"Journal of Integrative and Eclectic Psychotherapy" "Integrative Psychiatry" など統合をテーマとする学術雑誌も発刊された。こうした動きについて，中釜（2010）は，「統合を志す研究者・実践家・理論家を鼓舞する研究環境がこの四半世紀の間に，にわかに整ってきた」と説明している。

　以上，中釜（2010）が整理した通り，統合とは複数の要因が絡み合って

推進された動きであり，それゆえに方向性もさまざまである。次項では，統合の方向性を示す「統合モデル」について説明する。

3.「統合モデル」の多様性

「統合モデル」については，中釜（2010）や，藤川（2007）を参考にした新保（2012）のまとめが参考になる。さまざまな「統合モデル」のうち，代表的なモデルとしては，①技法的折衷，②理論的統合，③共通因子アプローチ，④同化的統合，という4つが挙げられる。

①技法の折衷とは，特定のクライエントの問題に対して最も効果的と考えられる心理臨床技法を折衷的に用いようとするものである。代表的なものとしては，Lazarus（1976）のマルチモダルセラピーがある。
②理論的統合とは，2つ以上の学派や理論を理論的に統合しようとする考え方である。代表的なものとしては，Wachtel（1977）の循環的心理力動アプローチがある。
③共通因子アプローチとは，異なる立場にある心理臨床家が共通して用いている心理臨床の核となる共通因子を追求し，それを心理臨床の技法として用いようとする方法である。中釜（2010）は，「共通因子アプローチの起源は上記3つのモデル（技法的折衷，理論的統合，共通因子アプローチ）のうちで最も古く，さまざまな理論や技法が備える特異性にもかかわらず，すべての心理療法は一定の変化のプロセスを共有しているというローゼンツバイク（Rozenzweig, 1936）の発言まで遡ることができる」と解説している。
④同化的統合とは，どれか1つの理論を基盤としながら，他の理論や学派の考え方を，その基盤となる理論にゆっくりと同化させることで統合しようとする考え方である。上記3種のモデル（技法的折衷，理論的統合，共通因子アプローチ）を補うために，1990年代に入ってMesser（1992）によって導入された（中釜，2010）。代表的なも

のとしては，Linehan（1993）の弁証法的行動療法がある。

　以上の4つのモデルのほかにも，近年では，⑤帰納的統合，⑥回復ステージに沿った統合，⑦学際的もしくは多面領域的な統合，⑧エコシステミックな統合，⑨精神症状や問題別の統合，など新たな統合モデルも提唱されている。

　⑤帰納的統合とは，Ericksonのように，心理臨床の理論や技法は，クライエントを援助するために何が必要かを徹底して考え抜き実践してゆくことによって，帰納的に探究されるものであるとする考え方（新保，2012）である。
　⑥回復ステージに沿った統合とは，クライエントが一般的にたどる回復過程を，熟考前段階，熟考段階，準備段階，行動段階，維持段階といった数ステージに分け，各ステージで異なる技能や介入法が求められることを考慮する考え方（中釜，2010）である。
　⑦学際的もしくは多面領域的な統合とは，クライエントが抱える広範な問題を，包括的に多種の専門職が同時進行で扱ってゆくことを目指す考え方（中釜，2010）である。
　⑧エコシステミックな統合とは，人は（家族・社会・文化などの）ラージャーシステムという文脈のなかに置かれた開放システムのひとつだという理解を出発点に，心理療法外の活動にも目を向けて，どのレベルのシステムに焦点づけた援助を行うべきかをつねに意識しながら変化を達成しようとする考え方（中釜，2010）である。
　⑨精神症状や問題別の統合とは，うつならうつ，パーソナリティ障害ならパーソナリティ障害と照準を定めて傾向や特徴を明確化し，その範囲の問題群に役立つ特定の介入方法を組み立てる考え方（中釜，2010）である。

　このような複数の「統合モデル」の提唱により，一時は400にまで膨

らんだ心理療法も，収斂の方向へと向かっていると言えるだろう。ただし，その方向性は一定ではなく，新たな「統合モデル」が，21世紀以降も提唱されつづけている。多様化した心理療法を統合する動きが推進されるなかで，多様な「統合モデル」が新たに提唱されている，というのは矛盾した展開である。しかしこれは，臨床心理学が現在進行形で発展中の学問であること，その構造的特徴が特定のモデルのみでは捉えきれないほどに多面的・多層的であることを意味するものと考えられる。欧米においては，こうした流動的な学問の構造的特徴を捉えるための枠組みとして，「科学者－実践者モデル」と「生物－心理－社会モデル」が提唱され，多角的な議論が展開されている。次節では，各モデルの特徴を，議論の変遷も含めて整理する。

2－臨床心理学の構造的特徴

1．科学者－実践者モデル

「科学者－実践者モデル」とは，さまざまな学派や活動の連合体を構成する臨床心理学という学問の枠組みとして，1949年に，APA（The American Psychological Association）が設定した枠組みである。ただし，設定当時は，各学派間での論争や，教育プログラムにおける科学性と実践性の統合の難しさといった課題が存在していたことが指摘されている（下山，2001b）。当時の米国の状況について，河合（1995a）が，「「科学的でない」ということは，知的な人間にとって，「信頼できない」と同義語と言っていいほどであったろう。臨床心理学が一部の認知を受けるためには，それが「科学」であることを強く主張する必要があった」と説明している通り，「科学者－実践者モデル」といっても，科学性のみが強調される傾向が強かったようである。

1970年代以降は，科学性が絶対視された時代から，実践性の価値が問

い直される時代へと突入し、科学性と実践性を巡り、さまざまな領域において多様な議論が展開された（たとえば、Simon, 1972［稲葉・吉岡＝訳, 1987］; Schein, 1973 ; Glazer, 1974 ; Argyris & Schön, 1974）。そして、1980年代には、Schön（1983［柳沢・三輪＝訳, 2007］）が、実践独自の認識論を提唱した。Schön は、実践を軸とする専門家を、"省察的実践者"という視点から捉え直し、「既存の科学と技術を適用して問題に解答を与える存在ではなく、複雑に入り組んだ状況の中で実践を通して問いを開き、探究・研究を進めていく」存在と定義した。そして、"科学的な知"に対して、行為のなかの省察によって得られる"暗黙知"を提唱した。

こうした実践独自の認識論の提唱により、実践を軸とする学問においては、さまざまな変革がもたらされた。臨床心理学においても、科学性と実践性が対等に重視されるようになり、一見矛盾する"科学性"と"実践性"をどのように統合させていくのかが主要なテーマとなった（下山, 2010）。そして、APA は、臨床心理学を、「科学、理論、実践を統合して、人間行動の適応調整や人格的成長を促進するとともに、不適応、障害、苦悩の成り立ちを研究し、問題を予測し、そして問題を軽減、解消することを目指す学問」と改めて定義し（下山, 2010）、科学性と実践性を対等なものとして明確に位置づけた。また、下山（2010）は、この APA の定義をもとに、臨床心理学を「人間行動がどのように維持発展されるかについての科学的探究に関わる科学性と、人間の苦悩を生み出す状況を改善し、問題を解決していく臨床実践に関わる実践性の両者から構成される学問」と再定義した。

定義に明示されたからといって、科学性と実践性という長年対立してきたテーマが簡単に統合されるわけではないだろう。しかし、科学性が絶対視された時代から、実践性独自の価値が見直される時代を経て、科学性と実践性がともに重視されるようなった。こうした一連の経緯を踏まえると、科学性と実践性を対等なものとして明確に位置づけた近年の「科学者－実践者モデル」は、臨床心理学の構造的特徴を中立的な立場から捉えようとする枠組みとして理解することができるだろう。

2. 生物−心理−社会モデル

続いて,「生物−心理−社会モデル」について検討する。このモデルは, 個人の発達や身体的・精神的健康に影響するさまざまな要因を, 生物, 心理, 社会という3つの側面でまとめ, 効果的な介入を行うための枠組みとして, Engel (1977) によって提案された理論モデルである (及川, 2003)。身体的・精神的疾患における生物的要因が重視されてきた医学領域において, 心理的要因, 社会的要因の及ぼす影響の大きさが実証的にも示されるようになったことが, このモデルの提唱へとつながったとされる (及川, 2003)。加えて, 臨床心理学領域においても, 実証研究, および, エビデンスベイスト・アプローチの発展に伴い, 心理的要因のみならず, 生物的要因, 社会的要因の及ぼす影響の大きさが実証的に示されるようになった (下山, 2010)。このことが, 臨床心理学における「生物−心理−社会モデル」の発展を後押ししたとされる。

臨床心理学におけるこのモデルの発展が後押しされたもう1つの理由として, 臨床心理学の学問的成熟が挙げられる。上述の通り, 1980年代以降, 臨床心理士という職能集団が自分たちの活動の説明責任を果たすため,「役立つ心理療法とは何か」という問いを探究する時代となった (中釜, 2010)。その結果, 統合の動きが推進され, 今もなお, より意味のある「統合モデル」の在り方が模索されつづけている。一方, こうした学問的成熟に伴い, 臨床心理学を社会的に認められる活動として社会システムのなかに適切に位置づけることを目的とした, 専門活動が求められるようになった (下山, 2010)。臨床心理学が専門活動として認められるためには, 臨床心理専門機関の組織化と運営システムの構築, および, 活動を発展させるための社会的ネットワークの構築が求められる。下山 (2010) は, そのモデルとなるのが「生物−心理−社会モデル」であると説明し, 他職種・他機関との協働の重要性を強調した。具体的には, 多様な要因が絡み合って成立する病気や不健康状態に対し, さまざまな専門職が互いの専門性を尊重しながら協働して行う総合的な介入や援助の基盤となる枠組みとして,

「生物－心理－社会モデル」の重要性を強調している。つまり，臨床心理学の学問的成熟は，一方では心理療法の統合の動きを後押しし，もう一方では臨床心理学が専門活動として認められるためのさまざまな改革を要請した。「生物－心理－社会モデル」とは，そのような改革の方向性を定めるうえで有用な枠組みとして理解することができるだろう。

*

　以上，臨床心理学の構造的特徴を示す「科学者－実践者モデル」と「生物－心理－社会モデル」という2つのモデルについて説明した。このような枠組みから捉え直してみると，近年の臨床心理学とは，科学性と実践性の両方を尊重することを目指す学問であると同時に，社会のなかで専門活動として認められることを目指す学問である。そして，つねに「役に立つ心理療法とは何か」という問いを探究しつづけることで，統合の方向へと変化・発展しつづけている学問であると言えるだろう。言い換えると，①科学性と実践性を統合すること（科学者－実践者モデル），②専門活動として認められること（生物－心理－社会モデル），③より役に立つ心理療法を探究しつづけること（統合の動き），という3つの課題を同時に抱える学問である。

　ただし，上述の通り，臨床心理学の概念は国によってかなり異なる（下山，2001a）ことから，こうした特徴が，必ずしも日本の臨床心理学にも当てはまるとは限らない。そこで，次節では，日本の臨床心理学の特徴について改めて検討する。

3 - 日本の臨床心理学の特徴

　本節では，日本の臨床心理学の特徴について，①科学性と実践性を統合すること（科学者－実践者モデル），②専門活動として認められること（生物－心理－社会モデル），③より役に立つ心理療法を探究しつづけること

（統合の動き），という3点から整理する。

1. 科学性と実践性を統合すること ―― 科学者−実践者モデル

　上述の通り，欧米諸国においては，1980年代，Schön（1983［柳沢・三輪＝訳，2007］）の実践独自の認識論の提唱などを機に，実践を軸とする学問にさまざまな変革がもたらされた。そして，臨床心理学における「科学者−実践者モデル」は，科学性と実践性を対等なものとして明確に位置づける中立的な枠組みとして，その後の学問の発展の基盤となった。

　一方，日本においては，1990年代，中村（1992）が実践独自の認識論を提唱し，実践性の意義が見直されるひとつの契機となった。中村（1992）は，「科学の知は，抽象的な普遍性によって，分析的に因果律に従う現実にかかわり，それらを操作的に対象化するが，それに対して，臨床の知は，個々の場合や場所を重視して深層の現実にかかわり，世界や他者がわれわれに示す隠された意味を相互行為のうちに読み取り，捉える働きをする」と述べ，"科学の知"と"臨床の知"を区別して提示した。また，1993年には，日本心理臨床学会の学会カリキュラム検討委員会が，「臨床家である前に科学者としての高度の資質を備えるべきという立場（Scientist-Practitioner Model）と，臨床家としての基本的技能の向上を重視する立場（Practitioner Model）があるが，わが国の養成をどう考えるか。つまり，日本独自の道をどうするか」という問いを提示している（乾，2003）。こうした問いは，科学性と実践性の位置づけ方を巡って，日本の臨床心理学においてもさまざまな議論がなされていたことを示すものである。しかし，ここでの Scientist-Practitioner Model は，「臨床家である前に科学者としての高度の資質を備えるべきという立場」と記述されている通り，欧米で発展した「科学者−実践者モデル」とは異なる意味合いで理解されていたようである。こうした「科学者−実践者モデル（Scientist-Practitioner Model）」に対する認識の違いは，その後の欧米と日本の臨床心理学のひとつの分岐点になったものと考えられる。

現在，欧米においては，「科学者－実践者モデル」をもとに科学性と実践性の統合が目指されていることは既述の通りである。対して，日本においては，「日本の臨床心理学は，この課題（科学性と実践性の統合）を達成しているとは言えません。厳しい見方をすれば，まだこの課題に真剣に取り組むことさえしていないといってよいかもしれません」（下山，2010）という指摘がなされている。この指摘は，日本の臨床心理学が，欧米とは異なる独自の発展を遂げていることを示唆するものと言えるだろう。

　この点について，近藤ほか（2010）は，60の心理系大学院を対象とした実態調査を実施した。そして，「わが国の心理臨床家養成において，実践と研究のバランスについて議論の多い現状が示された」と報告している。近藤ほか（2010）によると，多くの大学院は実習教育に重点を置いている一方で，修士論文として実証研究を課しており，実質的には「科学者－実践者モデル」に近い理念で教育を行っているという。しかし，「入学者に社会人が多く，心理学を十分に学んでいない状況では，研究についての意欲も知識も乏しく，十分な修士論文を課すことが難しい状況も生じている」ことも併せて報告されており，教育の理念と実態は必ずしも一致していないのが現状と言える。また，臨床心理士指定大学院の教育・訓練に対する初学者のニーズについて調査した田島（2008）も，大学院生が「研究活動のための知識や技能」を，修了後に役立つ学習や体験として「挙げていない」ことを報告している。本研究は，特定の大学院の学生を対象とした調査であり，他の大学院への汎用可能性は不明瞭である。しかし，初学者の立場からも，研究に対する意識の低さが示されたことは，教育の理念と実態の乖離を裏づけるひとつの根拠になると考えられるだろう。以上を踏まえると，日本の臨床心理学においては，教育の理念としては「科学者－実践者モデル」を採用しつつも，実態としては，Practitioner Modelをベースに発展している，と言えるのではないだろうか。

　とはいえ，日本においても，科学性と実践性の統合について，興味深い議論がいくつか展開されている。たとえば，河合（1995b）は，臨床心理学の特徴を「実践と研究が不即不離に関係し合っている」と述べた。そし

て，臨床心理学における科学性を，自然科学とは異なる広義の科学性として捉え直すことで，科学性と実践性の統合の道筋を示した（河合，1995a）。具体的には，臨床心理学における科学性を，①現象の観察によって，法則やパターンを見出すことに努めるが，その説明に絶対者の存在を仮定したり，ドグマを用いない，②見出された法則やパターンなどは，事実に相違するときは棄てられ，改善される，③見出したことを言語によって表現し，できる限り多くの人の承認を得るように努力する，と独自に定義した。

　また，下山（2000a）は，臨床心理学研究について，「いくら論理的に正しく，客観性や普遍性がある科学的な研究であっても，実践性がなければ意味がない」と指摘した。そして，臨床心理学研究の構造の基本として実践性を位置づけ，それとの関連性で考慮すべきものとして科学性を位置づけることで，科学性と実践性の統合の道筋を示した。具体的には，臨床心理学研究を，基本研究となる「実践を通しての研究」（実践性）と，関連研究となる「実践に関する研究」（科学性）の2種類に区別した。そして，「「実践を通しての研究」において何らかのモデルを構成し，「実践に関する研究」においてそのモデルを検討し，それらを循環的に組み合わせることで新たなモデルを生成し，検証する臨床心理学研究が可能となる」と述べ，科学性と実践性を循環的に統合する臨床心理学研究の構図を提案した。

　河合（1995a）と下山（2000a）の議論は，自然科学と同義の科学性を臨床心理学において重視することに疑問を呈している点，および，臨床心理学における科学性を，実践のなかで見出された知見によって修正可能なものと位置づけることで科学性と実践性の統合を目指したという点で共通していると言えるだろう。

　さらに，岩壁・小山（2002）は，科学性と実践性の統合のためには，まずはさまざまな研究方法に精通し，それらの利点や欠点について知ることが重要だと述べ，心理療法の実証研究として有効と考えられる複数の研究方法を紹介している。また，岩壁・小山（2002）によると，実証研究が盛んな欧米においては，科学的研究が心理療法の健全な実践と発展に不可欠なものとなっている一方で，その発展過程においては，科学的研究と臨床

実践が乖離する傾向も生じたという。岩壁・小山（2002）は，欧米のこうした経緯を踏まえ，科学性と実践性の乖離を避けつつ両者を統合し，学問を発展させることの重要性を指摘している。そして，事例研究が心理療法の主要な研究となっている日本に関しては，その利点を活かしつつ，「事例研究を補い発展させる形で科学的視点を取り入れる」という方向での統合を提案している。

このように，欧米の「科学者－実践者モデル」をそのまま適用するのではなく，日本の独自性を損なわない形での科学性と実践性の統合が模索される動きは，日本の臨床心理学の発展に寄与するものとなるだろう。

2. 専門活動として認められること——生物－心理－社会モデル

続いて，専門活動として認められること（生物－心理－社会モデル）について述べる。近年，日本においては，「今日的な文脈の中で，臨床心理士の関与が求められ，実際にかかわりはじめている領域はずいぶんと拡がりを見せてきている」（金山，2005）。そして，社会的要請の高まりから，臨床心理学が専門活動として認められることが重要課題となっている。下山（2010）が，そのために有用だと指摘する「生物－心理－社会モデル」は，生物的要因，心理的要因，社会的要因など，多面的なアセスメントと他職種・他機関との協働を重視する枠組みであり，日本においてもますますの発展が期待される。

しかし，先述の田島（2008）は，大学院生が「研究活動のための知識や技能」と同様に，「システムオーガニゼーションの技能」についても，修了後に役立つ学習や体験として「挙げていない」ことを報告している。ここでの「システムオーガニゼーションの技能」とは，「臨床心理士の社会的責任および倫理，他の専門領域との連携の方法，各職域における活動の特徴等といった臨床心理学の専門活動についての学習」（下山，2001d）を指す。本調査結果を受け，田島（2008）は，大学院生の「心理臨床活動を社会に位置づけていくために必要な臨床心理学の専門活動に関する意識の

弱さ」を課題として挙げている。ただし，大学院の修了生を対象とした木村・田口（2012）の調査においては，他職種との連携のためのスキルの向上に対する初学者のニーズの高さが示されていることから，大学院を修了して現場に出ると，専門活動に対する意識は変化する可能性がある。しかし，日本の現状として，少なくとも大学院生の段階においては，臨床心理学が専門活動として認められること（生物－心理－社会モデル）の重要性が十分に認識されているとは言い難く，今後の課題と言える。そしてこれは，単なる学習者側の意識の問題にとどまらず，他職種との協働などの専門活動に焦点を当てた教育・訓練について，藤川（2009）を除き，具体的な検討がほとんどなされていない日本の課題を反映するものと言えるだろう。

　藤川（2009）は，日本においては「異職種間コラボレーションに焦点をあてた教育・訓練プログラムについての体系的な研究も，実践も行われていない」という問題意識の下，日本の臨床心理職に対する，コラボレーション技能の教育を目的とした訓練プログラムを開発し，パイロット・スタディとして実践している。2日間にわたり実施された本プログラムは，ロールプレイを用いた体験的学習と講義による理論的学習が組み合わされた先駆的かつ実践的な取り組みである。しかし，この後に続く研究がほとんどなされていない点が課題と言えるだろう。

　このように考えると，日本においては，専門活動として認められることを意識した動き，および，そのうえで不可欠とされる「生物－心理－社会モデル」の発展は順調とは言い難い。心理援助職に対する社会的要請が高まりも成立した今日において，心理援助職が役立つ職種として社会のなかで認識されていくためには，専門活動として認められること（生物－心理－社会モデル）の重要性について，今一度問い直すべき段階に来ていると言えるのではないだろうか。

3. より役に立つ心理療法を探究しつづけること──統合の動き

　最後に，より役に立つ心理療法を探究しつづけること（統合の動き）について述べる。そもそも，日本独自の特徴として，心理療法理論の多様なモデル間の相互交流が少ないことが指摘されている（平木，2009）。それゆえに，欧米諸国で進められている統合の動きは，日本においては限られた範囲の関心にとどまっているのが現状である（中釜，2010）。この点について，中釜（2010）は，「信奉する理論にこだわる学派主義が色濃く残っているという意見」（下山，2000bほか）と，「ほとんどの学派の拠点が欧米にあり，海外で集中的な訓練を受けた者が少数だという意味で大半の日本のセラピストは潜在的にかなり折衷的・統合的なのではないかという意見」（杉原，2002ほか）の2つを取り上げ，どちらもある意味での真実を言い当てた意見と解説している。いずれにしても，日本においては，現状として統合に関する議論は活発ではなく，日本独自に提唱されている統合モデルは，平木（1996, 2003）の"関係療法中心の統合モデル"，村瀬（2001, 2003）の"統合的心理療法"，中釜（2010）の"関係系志向の統合的アプローチ"，などわずかである。「日本において心理療法を実践してゆく際には，当然のことながら日本の文化的な風土等を考慮に入れた独自の工夫が必要になってくる」（新保，2012）という指摘の通り，必ずしも欧米諸国と同じ方向性，同じ枠組みにもとづく統合を目指す必要はないだろう。しかし，だからこそ，「役立つ心理療法とは何か」という問いを日本独自に探究し，日本の事情に沿う形で心理療法を発展させていくことが求められるのではないだろうか。

＊

　以上，日本の臨床心理学の特徴について，①科学性と実践性を統合すること（科学者－実践者モデル），②専門活動として認められること（生物－心理－社会モデル），③より役に立つ心理療法を探究しつづけること（統合の動き），という3つの視点から検討した。このように振り返ると，日

本の臨床心理学は，今後取り組むべき課題が少なくない現状が改めて確認されたと言えるだろう。ただし，欧米の後追いをする形での発展は，科学性と実践性の乖離（岩壁・小山，2002）や，過度な「マニュアル化」「ブリーフ化」（中釜, 2010）といった課題に直面するリスクを伴う。したがって，欧米との同化を急ぎすぎず，わずかながら確認されている日本独自の事情に即した発展の軌跡を大切に守りながら，日本の文化や風土に根差した臨床心理学の発展と成熟を期待したい。

　また，初学者には，こうした学問の流動性や不確定性を前提に，「今学習している知識が，全体のなかではどのように位置づけられるのか」ということを意識しながら学びを進めることをお勧めしたい。各理論や学派の詳細については他書を参照されたいが，本章で示した整理が，臨床心理学の全体像を捉える際の一助となれば幸いである。

　ところで，学習の基盤となる臨床心理学という学問自体が流動性・不確定性を有しているなか，心理援助職，とりわけ初学者には，どのような学びが求められているのだろうか。それは，欧米と日本ではどのように共通し，どのように異なるのであろうか。次章では，心理援助職の技能的発達に関する欧米と日本の先行研究を区別して整理し，各々の共通点・相違点を探ることを目的とする。

第2章

心理援助職の技能的発達を考える
研究の比較考察

　本章では，心理援助職の技能的発達に関する欧米と日本の先行研究を区別して整理し，共通点・相違点を探ることを目的とする。そして，序論にも示した「そもそも心理援助職の初学者に求められる学びとはどのようなものか」という問いの答えを，既存の研究に求めることにしたい。

1－欧米の心理援助職の技能的発達に関する検討

　はじめに，欧米の心理援助職の技能的発達に関連する先行研究を概観する。そもそも心理援助職の技能的発達とは，欧米においてもあまり省みられないできたテーマであり（Skovholt & Rønnestad, 2003a），急速に関心が向けられるようになったのは1980年代以降である（金沢，1998）。現在はさまざまな研究が蓄積されているが，その視点はまだまだ限定的であることが指摘されている（Skovholt & Rønnestad, 2003a；Fauth et al., 2007 など）。こうした事情も踏まえたうえで，本節では，欧米の先行研究について，「職業発達に関する検討」「初学者の学習の在り様に関する検討」「職業発達の促進要因に関する検討」「初学者の教育・訓練に関する検討」という4点から整理する。

1. 職業発達に関する検討

欧米の心理援助職の職業発達に関する研究は，1980年代以降急速に蓄積され，現在は数多くの発達的モデルが提唱されている。欧米の文献を中心に概観した金沢・岩壁（2006）によると，発達的モデルのうち最も古いモデルは Fleming（1953）の論考であり，その後，Hogan（1964）のモデルをはじめ，数多くのモデルが登場した（たとえば，Blocher, 1983 ; Friedman & Kaslow, 1986 ; Grater, 1985 ; Hart, 1982 ; Hess, 1986 ; Littrell, Lee-Borden & Lorenz, 1979 ; Sansbury, 1982）。これらの発達的モデルは，一貫して，「カウンセリングを学ぶ人が，訓練と経験を重ねていくことによってある一定の変化を示すこと（発達的・段階的変化）」「スーパーヴィジョンや訓練は学ぶ人の発達段階に合わせて行うことが効果的であること」を示している（金沢，1998；金沢・岩壁，2006など）。ただし，そのほとんどは発表者の経験や観察をもとに論じられたものであり，理論的な精緻さや裏づけを欠いている（金沢・岩壁，2006）ことが課題として挙げられている。

　一方，数多くの発達的モデルのうち，「地道な研究に基づいてモデルを導き出しており，他の主観的なモデルと一線を画している」（金沢，2003）として，日本でも繰り返し詳細に取り上げられているモデルのひとつが，Skovholt & Rønnestad（1992, 1995）の8段階の発達段階モデルである（金沢，1998, 2003, 2007；金沢・岩壁，2006；平木，2011a, 2011b など）。本モデルは，大学院1年生から大学院修了後40年を経た臨床家まで，100名以上の心理臨床家を対象に半構造化面接を実施した研究によって導き出されたモデルであり，経験年数に応じて8つの発達段階に区切られている。第1段階が一般常識で行動する段階（Conventional Stage），第2段階が専門家としての訓練に移行する段階（Transition to Professional Training Stage），第3段階がエキスパートを模倣する段階（Imitation of Experts Stage），第4段階が条件的自律の段階（Conditional Autonomy Stage），第5段階が探究の段階（Exploration Stage），第6段階が統合の段階（Integration Stage），第7段階が個性化・個別化の段階（Individuation Stage），第8段階が高潔で欠けるところのない段階（Integrity Stage）である。この8段階は，①いわば素人の援助活動の域から，②専門訓練に参加し，③ベテランの言動を模倣しはじ

め，④インターンの時期を経て，⑤プロとしての初期段階に入り，現場での自己探索が行われ，⑥実践を5年ほど積むと，自分と仕事の場にふさわしいプロとしてのアイデンティティが確立され，⑦経験が10年を超えると他者との分離と関係の両立，理論と技法の一致が見られるようになり，⑧経験が25年を超えるとセラピストとして自己の長所・短所もキャリア上の限界も十分に承知したうえで，自己を十分に活用しながら引退にも備える（平木，2011a），という発達的変化を詳細に示すものである。

　また，Skovholt & Rønnestad（1992, 1995）のモデルと双璧をなす発達的モデル（金沢，2003）として，Stoltenberg & Delworth の統合的発達モデル（Integrated Developmental Model：IDM ／ Stoltenberg & Delworth, 1987；Stoltenberg, McNeill & Delworth, 1998）が挙げられる。IDM とは，カウンセラー複雑性モデル（Counselor Complexity Model：CCM ／ Stoltenberg, 1981）の発展形に位置づけられるモデルであり，動機づけ（motivation），自律性（autnonomy），自他への気づき（self-and other-awareness）の3つの構造的側面による違いをもとに，3段階に区別されている（金沢・岩壁，2006）。1段階目は「初心者の段階」である。この段階のスーパーヴァイジーは，スーパーヴァイザーに依存的・模倣的であり，神経質で，自己および他者への気づきに欠ける，という特徴をもつ。第2段階は「試行錯誤と試練の段階」である。この段階のスーパーヴァイジーは，カウンセラーとしての自分にある程度の自信がつき，自立への意欲が高く，模倣の度合いが減るが，その一方で，スーパーヴァイザーに頼らざるを得ない自分に対するいらだちを覚える，という依存と自立の葛藤を抱いていることを特徴とする。第3段階は「チャレンジと成長の段階」である。この段階のスーパーヴァイジーは，カウンセリング場面において，カウンセラーとしての自己を十分に効果的に使うことができるだけではなく，クライエントに集中して共感的理解を示しながらも，必要に応じて，一歩引いて客観的にプロセスを眺め，蓄えてある諸理論や諸技法や研究についての情報を頭のなかから引き出し，その場の状況に合わせて用いることができることを特徴とする（金沢，1998）。

Skovholt & Rønnestad ならびに Stoltenberg & Delworth による発達的モデルは，その後，数多くの実証研究によっても一貫して支持されており，現在では，スーパーヴィジョンの中心的な理論として位置づけられている（金沢・岩壁，2006）。つまり，欧米における心理援助職の職業発達に関する研究は，多様なモデルが提唱された段階から，提唱されたモデルが実証研究によって検証される段階を経て，スーパーヴィジョンなどの教育・訓練にも応用される段階へと移行していると言えるだろう。また，最近の動向としては，①認知科学の知見を取り入れた心理臨床家の「見立て」に関する研究，②マスター・セラピストに関する研究，③質問紙による大規模かつ継続的な国際比較調査など，より発展的な研究も推進されている（金沢・岩壁，2006）。

2. 初学者の学習の在り様に関する検討

続いて，職業発達の初期段階に位置する初学者の学習の在り様に関する欧米の議論を概観する。上述の Skovholt & Rønnestad ならびに Stoltenberg & Delworth による発達的モデルにおいては，初学者は「何をどうしたら良いかがわからず，自信もなく，不安の非常に高い段階」と位置づけられている（金沢，1998）。また，平木（2011a）は，Skovholt & Rønnestad（1992, 1995）の 8 段階のモデルに関して，「一般に，訓練中の 4 段階にいる SVee（スーパーヴァイジー）は，程度の差こそあれ SVor（スーパーヴァイザー）をパワーと権威，専門性の高いプロと認識し，逆に自分を非力で専門性の低い未熟者と位置付けている」「自己に対する変化・成長の要請と権威者からの評価という脅威の間で，SVee は自己の能力に関係なく，無意識の動きをする」と解説している。また，初学者の自信のなさや不安の高さについて直接的に検討した Goplerud（1980）は，臨床心理学を学びはじめて 1 年目の大学院生の 81.8％ は強い不安に悩まされた時期があり，50％ 以上に 3 日間以上続くうつ状態が，31.8％ に深刻な睡眠の問題があったと報告している。この知見にどの程度一般化可能性があるかは不明瞭であるが，

初学者の自信のなさや不安の高さは，決して軽視できるものではないことが示された研究と言えるだろう。

　また，初学者が抱えるストレス要因について検討した研究も数多く蓄積されている。Skovholt & Rønnestad（2003b）は，文献レビューを通して，①パフォーマンスに対する強い不安と恐怖（Acute Performance Anxiety and Fear），②ゲートキーパーによる監視（Illuminated Scrutiny by Professional Gatekeepers），③不安定もしくは柔軟性のない感情的な境界（Porous or Rigid Emotional Boundaries），④実践者としての自己の脆さや不安定さ（The Fragile and Incomplete Practitioner-Self），⑤学習した概念マップを応用する難しさ（Inadequate Conceptual Maps），⑥美化された期待（Glamorized Expectations），⑦良き相談相手の不在（The Acute Need for Positive Mentors），という7つのストレス要因を提示した。これら7つのストレス要因は，その後の複数の研究において示された知見とも一致している。たとえば，Carlsson et al.（2011）は，初学者の抱える課題として，高い地位を得ることや指導者に認められることに囚われやすいことを示し，Moss, Gibson & Dollarhide（2014）は，初学者が高い理想を抱きやすく，大学院での訓練と実際の職場の違いに困惑することを示した。また，Swift & Callahan（2009）は，訓練生が，クライエントよりも，治療関係や治療の進展をネガティブに評価しやすいことを指摘した。これらの知見は，Skovholt & Rønnestad（2003b）が整理した上記の7つのストレス要因の妥当性を示すものと言えるだろう。

　このように，さまざまな研究において，心理援助職の初学者は自信がなく不安が高く，多様なストレスを抱える存在であることが実証的に示されている。これらは，初学者の職業発達の阻害要因とも呼べるものであろう。このような状態から，心理援助職の初学者は，どのようなプロセスを経て発達・熟練していくのであろうか。次項では，職業発達の促進要因について検討する。

3. 職業発達の促進要因に関する検討

　職業発達の促進要因とは，心理援助職が専門性を向上させるうえで，役に立つ経験や身につけるべきスキルを指す。代表的なものとしては，先述の Skovholt & Rønnestad（1992, 1995）が発達の必須条件として挙げた「複雑さへの気づき（awareness of complexity）」がある。これは，「自己と他者の関係の中で，複雑な現象を当事者として，またメタレベルで理解する目を養うこと」（平木，2011a）を意味する概念であり，心理援助職が獲得を目指すべきものと位置づけられている。そして，Rihacek, Danelova & Cermak（2012）は，7名のベテランのセラピストを対象にインタビュー調査を実施し，このような統合的な視点の発達が，自律性によって促進され，他律性によって補完されることを示した。

　また，Rønnestad & Skovholt（2003）は，Skovholt & Rønnestad（1992, 1995）の知見を再整理し，職業発達の促進要因として，幼少期から現在に至るまでに個人として経験される対人関係と，クライエント・指導者・仲間との間で専門家として経験される対人関係の重要性を指摘した。そして，Stahl et al.（2009）は，12名の初学者を対象としたインタビュー調査を実施し，初学者が，他者からの助言や自己省察を通して，自身の学習に自覚的になれるようサポートすることの重要性を指摘した。これらの知見は，心理援助職の職業発達が，他者との関係性のなかで，もしくは自己省察を通して促進されうることを示唆するものである。

　さらに，Jennings et al.（2003）は文献のレビューを通して，カウンセラー／セラピストの専門性向上に役立つ複合的な要因として，経験，個人的資質，異文化受容力，曖昧さへの耐性という4点を挙げている。

　これらの知見を踏まえると，心理援助職の職業発達は，自律性，他律性，対人関係，自己省察，経験，個人的資質，異文化受容力，曖昧さへの耐性など，複合的な要因によって促進されるものであることがわかる。しかし，同時並行的に多角的な視点から検討が進められている段階であり，十分な議論が蓄積されているとは言い難いのが現状である。今後，さらなる研究

の蓄積が重要であろう。

　また，こうした職業発達の促進要因は，初学者にとっても役立つものと考えられるが，初学者特有の自信のなさや不安の高さ，多様なストレスを緩和するうえで，何がどの程度有用であるかについては議論がなされていない。今後は，初学者独自の特徴を考慮した職業発達のプロセスや促進要因について検討することも重要であろう。

　ところで，初学者特有の職業発達のプロセスや促進要因に関する検討が不十分ななか，初学者の教育・訓練はどのようになされてきたのであろうか。次項では，初学者の教育・訓練について検討する。

4. 初学者の教育・訓練に関する検討

　欧米の初学者の教育・訓練に関しては，Hill & Knox（2013）が文献レビューを行っている。Hill & Knox（2013）によると，50年以上も前から欧米の初学者の教育・訓練を支えてきたものは，ヘルピングスキル・トレーニングである。また，大学院の専門教育課程におけるトレーニングやスーパーヴィジョンなども，初学者の教育・訓練の中核に位置づけられている。以下，それぞれについて説明する。

① ヘルピングスキル・トレーニング

　ヘルピングスキル・トレーニングには，Carkhuff（1969）の Human Relations Training（HRT），Ivey（1971）の Microcounseling（MC），Kagan（1984）の Interpersonal Process Recall（IRP）などが含まれる。欧米において，HRP，MC，IRP は数多くの実証研究の対象とされ，その効果や限界について多角的に議論がなされてきた。そして最近では，これら三者を統合した Hill のヘルピングスキル・モデル（Hill, 2004, 2009 ; Hill & O'Brien, 1999）が提唱され，実証研究の対象となっている。

　数多くの研究において，ヘルピングスキル・トレーニングには一定の効果があることが実証されていることからも，その有用性は明らかである。

とりわけ，教示，モデリング，練習，フィードバックといった要素が，トレーニングの効果をもたらすことが示されている。しかし，ヘルピングスキル・トレーニングの効果とは何か，という根本的な議論については，未だ結論が出されていないことが課題として挙げられている。Hill & Knox(2013)は，安易に基準値を設定してヘルピングスキル・トレーニングの効果を測定しようとする傾向に疑問を呈し，いつどのようにスキルを適用すべきかを熟考したり，個々のクライエントの反応からニーズを読み取りアプローチを調整したりする力が養われることの重要性を強調している。また，指導者側，初学者側それぞれの個人差によっても，ヘルピングスキル・トレーニングの効果は左右されうることを指摘し，そうした視点も含めて，多角的な検討がなされる必要性を指摘している。以上の議論を踏まえると，歴史も古く，数多くの実証研究の対象とされてきたヘルピングスキル・トレーニングであっても，効果が実証されている範囲は限定的であると言えるだろう。

② 大学院の専門教育課程におけるトレーニング

続いて，大学院の専門教育課程におけるトレーニングについて述べる。欧米においては，上述のヘルピングスキル・トレーニングのほかにも，大学院の専門教育課程におけるさまざまなトレーニングの効果について，多角的な検討が行われている。具体的には，①アナログセッションにおいて確認される変化，②継続面接において確認される変化，③初学者の自己報告として語られる変化，という3点に着目した研究に大別される（Hill & Knox, 2013）。

①アナログセッションにおいて確認される変化に着目した研究とは，初学者が，大学院の専門教育課程におけるトレーニングを受けることによって，面接場面における態度や用いる技法，介入方法などに変化が見られるかどうかを，アナログセッションを用いて検証した研究を指す。アナログセッションは，多くの場合，クライエント役のボランティアを対象とした10〜45分程度のシングルセッションとして設定されている。そして，

同一対象者の経年変化の検討（Pope et al., 1976 ; Hill, Charles & Reed, 1981 ; Crook-Lyon et al., 2009），経験年数の異なる対象者間の比較・検討（Thompson, 1986），異なる形式のトレーニングを受けた対象者間の比較・検討（O'Donovan, Bain & Dyck, 2005 ; O'Donovan & Dyck, 2005 ; Hess, Knox & Hill, 2006）など，多角的な検討の成果が蓄積されている。Hill & Knox（2013）は，これらの研究が，それぞれトレーニングによる効果を実証していることを示しつつも，現状としては共通した結論は示されていないことを課題として挙げている。

　②継続面接において確認される変化に着目した研究とは，大学院の専門教育課程におけるトレーニングを受けることによって，面接場面における態度や用いる技法，介入方法などに変化が見られるかどうかを，継続面接を用いて検証した研究を指す。継続面接は，クライエント役のボランティアを対象とした継続面接（Multon, Kivlighan & Gold, 1996）や，実際のクライエントを対象とした継続面接（Hilsenroth et al., 2002 ; Hilsenroth et al., 2006 ; Boswell, Castonguay & Wasserman, 2010）として設定され，面接初期のセッションと面接後期のセッションの比較，クライエントからの評価などを通して，その変化についての検証がなされている。しかし，Hill & Knox（2013）は，各研究において示されている効果の検証や条件の統制が不十分であること，報告されている変化が1つあるいは2つの事例のみをサンプルとしたものであること，各初学者が担当したクライエントには大きな違いが存在しうること，ヘルピングスキル・トレーニングなどの基礎的なトレーニングの作用について言及されていないことなどを理由に，結果の解釈には慎重な姿勢を示している。

　③初学者の自己報告として語られる変化とは，初学者が，大学院の専門教育課程におけるトレーニングを受けることによってどのような変化の実感を得ているかを検証した研究を指す。このテーマについては，文献研究も含め，複数の研究が蓄積されており（Larson & Daniels, 1998 ; Lent, Hill & Hoffman, 2003 ; Lent et al., 2006），トレーニングの効果として，自己効力感が高まることが実証的に示されている。また，Freiheit & Overholser（1997）

は，初学者の自己報告をもとに，CBT トレーニングの効果について検証した。そして，多くの初学者にはトレーニングによりポジティブな態度変容が見られたのに対し，CBT に対してネガティブな評価をしている一部の初学者においては，トレーニングに伴う態度変容が見られなかったことを報告している。Hill & Knox（2013）は，こうした初学者側の要因にも着目した研究が蓄積されていくことを強く推奨している。

　以上の通り，①アナログセッションにおいて確認される変化，②継続面接において確認される変化，③初学者の自己報告として語られる変化，という3点に着目した研究のそれぞれにおいて，大学院の専門教育課程におけるトレーニングの効果が実証されている。しかし，Hill & Knox（2013）は，他のさまざまな体験によってもたらされる影響を排除できていないという理由から，さらなる検討の必要性を全体の課題として挙げている。

③ スーパーヴィジョン

　最後に，スーパーヴィジョンについて述べる。Hill & Knox（2013）によると，スーパーヴィジョンは，スーパーヴァイジーの気づきの多様化や自律性の促進など，ポジティブな変化と関連があることが，数多くの実証研究によって示されている。しかし，スーパーヴィジョンがクライエントにもたらす影響については，現状では十分な検討がなされていない。さらに，スーパーヴィジョンの効果は，頻度や期間，スーパーヴァイザーの力量など，さまざまな要因によって左右されるものであり，それによってポジティブなものにもネガティブなものにもなりうるという結果も示されている。つまり，スーパーヴィジョンの効果に関しては，数多くの実証研究が蓄積されている一方で，一致した見解が示されていないのが現状である。Hill & Knox（2013）は，既存の研究の方法論的な課題もあるとして，現時点でスーパーヴィジョンが効果的かどうかを結論づけることには慎重な姿勢を示している。今後は，さらなる研究の蓄積が課題と言えるだろう。

*

以上，Hill & Knox（2013）の文献レビューをもとに欧米の初学者の教育・訓練について整理した。欧米においては，ヘルピングスキル・トレーニングを中心に，大学院の専門教育課程におけるトレーニングやスーパーヴィジョンなど，教育・訓練に関する多角的な議論が展開されているが，その効果が実証されている範囲は限定的であるという現状が示されたと言えるだろう。

5．まとめ

　各テーマに関する議論を改めて振り返ると，欧米における心理援助職の技能的発達に関しては，さまざまな研究が蓄積されているが，検討すべき課題も数多く残されている。ただし，全体的に，実証研究によって導き出された知見が他の実証研究によって検証される，という一連の流れに則って研究が蓄積されていることが確認された。このことは，「科学者－実践者モデル」を軸とする欧米の臨床心理学の特徴を裏づけるものであり，既存の研究から導き出された知見を多角的に検証し，より良いもの，より意味のあるものを模索しつづける姿勢からは，学ぶべきものも多くあるだろう。

　一方，岩壁・小山（2002）が指摘した通り，実証研究の発展は，必ずしも臨床実践の発展を意味するわけではなく，時に科学と実践の乖離を生み出す一因にもなる。実際に，技能的発達研究に関しても，比較的実証が容易なテーマを中心に研究が発展しており，「初学者特有の職業発達のプロセスや促進要因に関する議論が不十分なままに教育・訓練の方法論が発展する」「教育・訓練の効果とは何かという問いに対する結論が出ないままに個々のトレーニングの効果について検証がなされる」といった矛盾も生じている。こうした現状においては，「そもそも心理援助職の初学者に求められる学びとはどのようなものか」という問いの答えを，既存の研究に求めるには限界があるだろう。むしろ，一度原点に立ち戻って初学者の声に耳を傾け，「初学者はどのように学びの実感を得て，どのように難しさを実感しているのか。そしてそれはどのように変化していくのか」といっ

た初学者特有の職業発達のプロセスの全体像を，ボトムアップ的に把握することが重要なのではないだろうか。そのうえで，どのような学び方がより効果的であるかを丁寧に検証していくことが，初学者の学びをより確かなものとするうえで有用と言えるだろう。次節では，本節で得られた欧米の知見と比較・検討しながら，日本の心理援助職の技能的発達に関する知見について整理する。

2 - 日本の心理援助職の技能的発達に関する検討

　本節では，日本の心理援助職の技能的発達に関連する先行研究を概観する。日本においては，心理援助職を対象とした実証研究が非常に少ない（岩井，2007）ことが指摘されており，心理援助職の技能的発達とは，欧米以上に省みられないできたテーマであった。しかし，2000年代以降になると，日本においても急速に関心が高まり，いくつかの展望論文も発表されている。たとえば岩井（2007）は，日本における心理臨床家研究を概観し，①心理臨床家のあり方・心理治療に影響を及ぼす心理臨床家側の要因，②心理臨床家の教育・訓練，③心理臨床家の発達・熟練，という3点から整理している。また，篠原（2010）は，日本における初学者へのスーパーヴィジョンに関する文献を概観し，①初学者の状況とスーパーヴィジョン体験，②初学者へのスーパーヴィジョンにおける具体的対応，③初学者へのスーパーヴィジョンの留意点，という3点からまとめている。そして，鈴木（2012）は，セラピストの自己理解に関する日本国内の先行研究を概観し，自己理解がどのような臨床上の影響を及ぼすか，自己理解過程がどのように進んでいくか，について多角的に検討している。

　本節では，こうした展望論文も参考にしつつ，日本の心理援助職の技能的発達について，「職業発達に関する検討」「初学者の学習の在り様に関する検討」「職業発達の促進要因に関する検討」「初学者の教育・訓練に関する検討」という4点から整理する。

1. 職業発達に関する検討

　上述の通り，日本において心理援助職の技能的発達というテーマに関心が向けられるようになったのは2000年代以降であり，欧米のように中核となり検証されている発達的モデルは存在しない。ただし，臨床経験年数の異なる対象者群の比較から，心理援助職の発達・熟練を捉えようとした研究はいくつか蓄積されている。

　2000年以前の研究は，渡部（1963），丹下・日野（1982），武島ほか（1993）などわずかである。渡部（1963）は，カウンセリングの特定場面を録音したテープを用いて，経験年数の異なる15名の被験者たちの共感的理解の仕方について検討した。そして，共感的理解の仕方は，経験年数に応じて，「知的なレベル」「感情的なレベル」「動きのレベル」「experiencingのレベル」という4つのレベルに区別できることを示した。丹下・日野（1982）は，プレイセラピーの経験が3年以上の者（熟練者群）20名と，3年未満の者（初心者群）21名を対象に，セラピストの自己イメージの測定とセラピー中の体験評価を行う質問紙調査を実施した。群間比較の結果，自己イメージについては差が見られなかったが，セラピー中の体験評価については，「クライエントの心理的な動きがよくわかる」という項目において差が見られ，熟練者群のほうが高い結果が得られたことを報告している。また，武島ほか（1983）は，精神療法家218名を対象に治療者の行動・態度などを問う質問紙調査を実施し，臨床経験年数との関連について検討した。その結果，経験年数の短い群は指示性が強く，各技法間の差も大きいのに対し，経験年数の長い群は非指示的・受容的であり，各技法間の差も小さくなることを指摘している。

　2000年代以降は，以下の通り，複数の研究が蓄積されている。新保（2004）は，自作のビデオ刺激材を用いて，経験年数の異なる33名の対象者の心理アセスメント能力の質的変化について検討した。そして，「カウンセラーはほぼ5年前後の経験を大きな区切りとして，その心理アセスメント能力が質的な変容を遂げていく」ことを示した。具体的には，①初心者群（大

学院生）とそれ以降の群との間で，ケース理解の仕方およびその精度，またそれを言語化し表現する能力などにおいて非常に大きな落差が存在すること，②初任者群（就職後1〜5年）から中堅者Ⅰ群（就職後6〜10年）にかけては心理アセスメント能力がより精緻なものへと変化すること，③中堅者Ⅰ群から中堅者Ⅱ群（就職後11〜15年）への過程は，自己の臨床家としてのスタイルが徐々に確立しはじめる時期であり，臨床家としての安定性がかなり増していくこと，④中堅者Ⅱ群から熟練者群（就職後16年目以上）にかけては思考レベルの一層の洗練化が進み，カウンセラーとしての個性化が非常に顕著になることが示されている。

　岡本（2007）は，経験年数の異なる22名を対象に半構造化面接を実施し，「仕事上の悩みと問題」「問題への対処と克服」について検討した。そして，「仕事上の悩みと問題」は，職業人として誰でももつであろう一般的な問題と心理職固有の問題の2つに分類され，「問題への対処と克服」は，外的資源と内的資源の2つのリソースに分類されることを示した。また，経験年数の異なる群の比較から，経験年数によって心理職固有の問題が変化する可能性，職業的発達の早期においてリアリティ・ショック（初めて仕事に就く際の期待と現実のギャップ）が存在する可能性を指摘した。

　森田ほか（2008）は，大学院生が心理臨床家アイデンティティをどのように捉えているかを検討することを目的に，51名の大学院生のレポートの記述内容について，博士前期課程1年，博士前期課程2年，博士後期課程の間での比較を行った。そして，大学院生は，心理臨床家アイデンティティを，「自分自身のあり方を見つめること」「クライエントに対する姿勢を培うこと」「専門職としてのあり方を身に付けること」，という3側面から捉えていることを明らかにした。また，学年が上がるにつれ，セラピストがクライエントを理解・援助するという一方向的なものから，相互性をもつ関係へと視点がシフトしていく可能性，および，他職種との連携やそこで心理臨床家として何ができるか，どう伝えていくかという課題に直面する可能性を指摘した。

　鈴木（2008）は，心理臨床養成課程を通して大学院生がどのような援助

観を構築させていくかを捉えることを目的に，修士 1・2 年生，計 7 名を対象に，連想刺激を用いた研究を実施した。その結果，臨床心理士養成課程での学びとして，非専門家のニーズに対し直接的な即効性のある指導や助言や具体的提案をするという万能的イメージとしてのセラピスト像から，そのような問題そのものの解決法の伝授ではなく，クライエントの在り様を受容し一生懸命聴こうとするセラピスト像へと変容することを示した。

山本・花屋（2009）は，臨床経験 1〜5 年の心理臨床初心者 12 名を対象に半構造化面接を実施し，陽性感情の取り扱いに発達的変化が見られることを示した。具体的には，クライエントを軸に据え，治療者として今ここで何をすべきなのかを考える姿勢を保持していることを示す「役割意識」，面接場面において，治療者の注意が自分自身に向いているのか，もしくは，クライエントに向いているのかを示す「治療者の注意の方向」，治療者が自らの陽性感情をどの程度認識しているのかを示す「陽性感情の認識の程度」という 3 点において，発達的変化が見られることを示した。

大和・田中（2011）は，Martion et al.（1989）や Cummings & Hallberg（1990）の Cognitive Mapping Task（CMT）を参考に，カウンセリング場面のビデオを用いて，経験年数の異なる 23 名の対象者がカウンセリング場面で着目する情報や情報整理の方略について比較を行った。分析の結果，初心者群（学部生）のパフォーマンスが低く，熟達者群（大学教員）のパフォーマンスが高かったこと，熟達者は「メタ・スキーマの形成力」「因果性の洞察力」「認知的トレランス」の 3 つの高度なカウンセリング・スキーマを有していることを示した。また，熟達者と M2 群，M1 群では，情報を記述する段階ではあまり差異がないものの，情報整理の段階で差異があることを指摘した。

鈴木・正保（2012）は，初心者群（修士 1 年）とベテラン群（臨床経験 30 年以上）それぞれに，あいづちのみを用いて応答しながら話を聞いてもらった後，質問紙やインタビュー調査を用いて，その違いについて検討した。その結果，初心者よりもベテランのほうが 0.7 秒遅くあいづちを打っていること，初心者は先入観をもちやすいのに対して，ベテランは "CL

の今ここ"に強く焦点を当てており，その際に先入観を抱く程度が低いことが示されている。また，自己一致についても群間比較を行い，初心者の自己一致は日常生活に立脚した自己一致であるのに対し，ベテランの自己一致は自己一致と自己不一致の間を意図的に行き来できる柔軟な状態であることを示している。

　これらの研究は一貫して，心理援助職には経験年数に応じて発達的変化が見られることを示しており，その点は欧米の研究結果と一致する。しかし，日本における心理援助職の職業発達に関する研究は，特定の場面における実験的研究や，特定のテーマに焦点化した研究が多く，対象となった場面やテーマも多岐にわたる。それゆえに，既存の知見の体系化が難しく，職業発達の全体像が捉えづらい点が課題と言えるだろう。

　欧米における心理援助職の職業発達に関する研究が，多様なモデルが提唱された段階から，提唱されたモデルが実証研究によって検証される段階を経て，スーパーヴィジョンなどの教育・訓練にも応用される段階へと移行したことは，先に述べた通りである。日本における職業発達に関する研究の大半が，2000年代以降に発表されたものであることを踏まえると，現在の日本の状況は，欧米の多様なモデルが提唱された段階に該当する時期と考えられる。今後，本テーマに関連する知見が多角的に蓄積・検証され，教育・訓練に応用可能なものへと発展させることが課題と言えるだろう。

2．初学者の学習の在り様に関する検討

　次に，初学者の学習の在り様に関する議論について，①初学者の職業発達の阻害要因，②教育・訓練に対する初学者のニーズ，という2点から整理する。

① 初学者の職業発達の阻害要因

　日本における初学者の学習の在り様に関する議論は，欧米と同様に，初学者の抱える困難やストレス要因など，職業発達の阻害要因を中心に多角

的な検討がなされてきた。前項の「職業発達に関する検討」にて紹介した文献においては、初学者は、①見通しの立てられない不安や経験不足からくる自信のなさを抱えていること（岡本，2007），②共感的理解の仕方が限定的であり（渡部，1963），先入観をもちやすいこと（鈴木・正保，2012），③情報を関連づけたり整理したりすることに課題があり（大和・田中，2011），短時間の間に心理アセスメントを行うことが困難であること（新保，2004），④関わりが指示的になりやすく，各技法間の差も大きいこと（武島ほか，1993），⑤リアリティ・ショック（初めて仕事に就く際の期待と現実のギャップ）が存在すること（岡本，2007），などが示されている。

　また，鈴木（2012）は，文献の概観を通して，初学者の特徴として，①無力感・否定的な感情，および逆転移への対処が困難である，②否定的な感情・逆転移を用いてクライエントを理解することが難しい，③理論と体験のずれに戸惑うことが多い，④万能感的な期待を抱きがちであるために「わからない」ということを防衛してしまう傾向がある，という4点を挙げた。

　上野（2010）は，自由記述の質問紙調査とインタビュー調査により，カウンセラーを志望する大学院生の動機と臨床実践で感じる困難との関係を検討した。そして，カウンセラー志望の大学院生はさまざまな臨床場面において多大な不安感や恐れ，苛立ち，もどかしさ，虚しさなどの感情体験や臨床家としての課題を抱えていること，それらの困難体験には動機が影響することを提示した。具体的には，不快感情の伴う過去体験，自身の資質の認知，求められることへの期待，権威性への憧れといった動機は，臨床場面において生じる主観的な困難体験との関係が深い可能性を指摘した。

　これらの結果は，いずれも初学者の抱える困難を具体的に示すものであり，欧米の研究で得られた知見とも類似性が高い。こうした初学者の特性を前提に教育・訓練の在り方を検討することは，より効果的な学びを促進するうえで重要と言えるだろう。

② 教育・訓練に対する初学者のニーズ

　別の角度から初学者の学習の在り様を捉えた研究として，教育・訓練に対する初学者のニーズについて調査した研究がある。たとえば，前述の田島（2008）は，大学院生が修了後に役立つと考えている学習や体験について明らかにすることを目的に，58名を対象に質問紙調査を実施した。その結果，大学院生が考える修了後に役立つ体験は，「演習や実習の体験」「ケース検討」「専門家としての社会性の獲得」「心理学の知識やスキルの習得」「日常生活から得られる経験・体験・知識」という5つに分類されることが示された。なお，ここに「研究活動のための知識や技能」と「システムオーガニゼーションの技能」が含まれていないことが課題として挙げられたことは，既述の通りである。

　青木（2009）は，教育・訓練に対する初学者のニーズの移り変わりを捉えることを目的に，修士1年12名，修士2年13名，修了生17名を対象に質問紙調査を実施した。そして，大学院生から修了生になるに従い，悩みの質も対処もより明確で具体的になり，勉強意識が高まる傾向があることを明らかにした。ただし，修了生たちは，時間的・機会的・経済的に，必要な支援を得ることが困難であるという現状の課題も併せて提示している。そして，こうした結果を踏まえ，より早い段階から学生が実務に向けた問題意識をもてるよう支援すること，さまざまな形での修了後研修の方策を考えることの必要性を指摘している。

　さらに，木村・田口（2012）は，34名の大学院修了生の身に付けたい力とその取り組みを捉えることを目的に質問紙調査を実施し，臨床心理士資格取得後3年未満群，3年以上5年未満群，5年以上群，未取得群に区別して整理した。そして，修了生たちは，臨床歴や職域を超えて，「ケースの見立て」「心理検査結果の解釈と適切なフィードバック」「他職種との連携」などの力を身に付けたいと考えていることを示した。また，スキル維持・向上のための自己研鑽として，多くの修了生がスーパーヴィジョンや研修会を望んでいるものの，現状としては「関連書籍や論文を読む」「職場のスタッフに相談する」などの対応が中心となっていることを指摘した。

これらの初学者のニーズは，現行の教育・訓練体制の課題を意味する。とりわけ，大学院修了直後の初学者たちの自己研鑽の機会や方法に大きな課題が存在することを示す知見は貴重であり，今後早急に対応すべき課題のひとつと言える。ただ，現段階では研究の蓄積が不十分であり，特定の大学院の学生のみを対象とした調査がほとんどである。今後は，幅広い研究の蓄積と大学院を超えた初学者のニーズの把握が急務と言えるだろう。

3．職業発達の促進要因に関する検討

　続いて，職業発達の促進要因に関する議論を整理する。職業発達の促進要因を把握することは，初学者の教育・訓練の在り方を考えるうえで，さらには心理援助職という職業全体の専門性を向上させるうえで不可欠である。しかし，本テーマに関しては，欧米においても，同時並行的に多角的な視点から検討が進められている段階である。日本においては，「発達・熟練していくプロセスをとらえた研究がないこと」（岩井，2007）が課題として挙げられており，職業発達の促進要因について直接的に扱った研究はほとんどなされていない。

　本テーマに関連する研究の蓄積だけでなく，「職業発達に関する検討」も不十分ななか，日本の心理援助職はどのように養成されてきたのであろうか。その手がかりとなるのが，熟練者の豊富な臨床経験に裏打ちされた論考にあると考える。本項では，そうした論考に職業発達の促進要因となる手がかりを求めることにした。

　さまざまな書籍や雑誌に散見される熟練者の論考から，職業発達の促進要因について言及していると考えられる知見を抽出し，内容的に類似しているものをまとめて整理したところ，「自己理解を深めること」「主体的に感じ考えること」「知識の獲得と主体的に感じ考えることを両立すること」「自分の核を作ること」「複雑さを捉えつないでいくこと」，という5点に大別された。以下，各項目について説明する。

① 自己理解を深めること

「自己理解を深めること」に関しては，多くの論考において職業発達の促進要因のひとつとして挙げられており，「自己理解」をテーマとした実証研究もいくつか存在する。鈴木（2012）は，実証研究に留まらない幅広い文献を概観し，自己理解に関する日本国内の議論を整理した。そして，自己理解の促進要因として，①スーパーヴィジョン，②面接記録，③エンカウンター・グループの重要性を指摘している。また，村瀬・下山・廣川（2010）は，「心理臨床において育つということ・育てるということ」というテーマの座談会において，セラピストとしての自分についてさまざまな面から掘り下げて考え，自分の足らざるところを理解し，変わっていくことの重要性を指摘している。この指摘は，「自己理解を深めること」による自己変容の重要性を示唆するものであり，自己理解の促進が，職業発達の促進要因となりうることを端的に示すものと言えるだろう。

② 主体的に感じ考えること

続いて，「主体的に感じ考えること」について述べる。田中（2002）は，初学者の教育・訓練において，「じぶんのからだやこころを通してわきおこってくるもの，感じているものをつかまえようとすることを大切にすること，そしてその次にセラピストが自分の力でしっかりと考えることを補助すること」の重要性を指摘した。また，村瀬・下山・廣川（2010）も，上述の座談会において，権威や学派の理論に頼らず，しっかりと事実を見て，自分の頭で考え，主体的に学ぶ意識をもつことの重要性を指摘している。同様に，金山（2005）も，臨床家としての最初期から，主体的に感じ，考え，掴みとろうとする姿勢を習慣化し，身に染み込ませることの重要性を指摘している。このように，「主体的に感じ考えること」とは，複数名の熟練者が一貫して強調している，重要な職業発達の促進要因のひとつと言えるだろう。

③ 知識の獲得と主体的に感じ考えることを両立すること

　「知識の獲得と主体的に感じ考えることを両立すること」とは，上述の「主体的に感じ考えること」と併せて，知識の獲得も重要であることを指摘するものである。たとえば河合（1970）は，「理論を深く知っている人こそ深く受容できるし，クライエントを深く受容した人こそ，より深さをました理論体系を作ることができる」と述べ，態度と理論の相補性を指摘した。また，伊藤（1999）も，素朴な行動観察を基本とするアセスメントの重要性を強調しつつも，「個人によって偏っている経験を文献研究や学習によって，広げたり深めたりすることの方が治療的に望ましい」と述べ，「知識の獲得と主体的に感じ考えることを両立すること」の必要性を指摘している。しかし，串崎（2005）は，「知識の獲得と主体的に感じ考えることを両立すること」の意義だけでなく，その難しさについても言及している。伊藤（2005）も，「毎日毎日の本当に地道な基礎的学習，知識の獲得と，マニュアルでは対応しきれない繰り返しの不可能な1回限りの面接を，そこに面接者自身を投げ込んでいくことによって新たにクリエイトする，その在り方を獲得していくこと，心理臨床家となっていくためにはこの一見相反するように見受けられる二つの立場のどちらもが必要になってくるのであろう」と述べるとともに，2つの立場の両立は容易に達成できる課題ではないことを指摘している。熟練者のこうした言葉からは，職業発達における「知識の獲得と主体的に感じ考えることを両立すること」の重要性とその難しさが改めて理解できるのではないだろうか。

④ 自分の核を作ること

　「自分の核を作ること」については，福永（2005）や金山（2005）の記述が参考になる。福永（2005）は，ある時期の初学者たちに見られる変化を，「迷いに「芯」ができてくる」と表現している。そして，「この迷いの芯というのは何なのだろうかと考えてみるが，今のところまだわからない」と前置きをしつつも，「「心理療法を役に立つものとする知恵」や，それにつらなる「自分という感覚」というようなものを，少しずつ獲得していくこ

とで生まれてくる様」と端的に表現している。また，金山（2005）は，初学者にとって重要なことは，「心理臨床家としての自分なりの芯・核・拠り所となるもの（の芽，きっかけでかまわない）をいかに掴むかということである」と述べ，この「自分なりの芯・核・拠り所となるもの」をつかむ手がかりとなるのは，人の心理的変容に立ち会い関与する体験であると指摘している。こうした記述からは，職業発達における「自分の核を作ること」の重要性を読み取ることができるだろう。

⑤ 複雑さを捉えつないでいくこと

最後に，「複雑さを捉えつないでいくこと」について述べる。ここには，村瀬（1990）が治療者に求められる要件として挙げた"つなぐ"ことが該当する。村瀬（1990）は，「つなぐとは，単に，社会空間的要素をネットワーキングしていくということにとどまりません。すなわち，①クライエントの内面の世界と現実の世界を「つなぐ」ということ，②クライエントのものの見方，感じ方や体験をわれわれのそれらと「つなげてゆくこと」，③クライエントのうちの分断されている歴史，時間を「つない」で，将来への展望を探すこと，④クライエントが本当に求めていることと，それを助ける手立てとを「つないで」いくこと，⑤クライエントに関わりを持つ機関の中や，その機関に関連のある人々をどのように「つないでいくか」，⑥治療者個人の中に生じてくるさまざまな感情と考えをどう「つないで」いくのか，⑦治療者の感性がとらえたものと，治療者や機関の役割とをどのように「つないで」いくのか，ということを治療者は問われていると考えられます」と解説している。この"つなぐ"という言葉は，欧米における職業発達の促進要因の代表的な先行研究として示した，Skovholt & Rønnestad（1992, 1995）の"複雑さへの気づき（awareness of complexity）"にも通じるものである。ただし，村瀬（1990）の"つなぐ"という言葉のほうが，より主体的・能動的に治療者が関与している様子を表すものと考えられることから，本書では，村瀬（1990）の指摘を「複雑さを捉えつないでいくこと」と要約した。

＊

　以上，熟練者の経験に裏打ちされたさまざまな知見を手がかりに，日本における心理援助職の職業発達の促進要因について，5つの視点から整理した。こうした5つの視点を意識しながら，信頼できる仲間とのあたたかい関係作り（串崎，2005）と，生涯にわたる自己研鑽（馬場，1998；藤原，2000）の重要性を肝に銘じておくことが，職業発達のカギになると言えるだろう。しかし，上述の通り，これらは熟練者の豊富な臨床経験に裏打ちされたものではあるが，実証的に示されているとは言い難い点に課題がある。加えて，これらの知見を体系的に整理した文献もほとんどなく，指導者によって，何がどの程度重視されているのかという点に違いが存在することが大きな課題と言える。

　こうした事情の背景には，現在の指導者が初学者として学びを重ねた当時の環境も大きく影響しているものと考える。吉良（1986）によると，1980年代，初学者にとって心理療法の学習過程は「トレーニング」ではなく「修行」であった。ここでいう「修行」とは，「抽象的で特定しがたい目標へ，特定しがたい方策を用いて到達していくようなタイプの学習」を意味する。当時，心理療法を学びはじめて6年目であった吉良（1986）は，「自分の学習がどの程度進んだのかが学習者自身に非常にわかりにくい。これがとてもつらいところである」「悩むだけ悩み，傷ついてこの世界から去って行かなければならない危険性もある」と，当時の初学者の葛藤や苦悩を記している。言い換えると，当時の初学者が，環境が整わないなか必死に模索してつかみとった学び方のコツが，言語化され蓄積されることで，現在へと継承されてきたものと理解できる。今後は，こうした知見が実証されるとともに，指導者間のずれが最小化されるための資料として蓄積されることが，日本において求められる次のステップと言えるだろう。

4．初学者の教育・訓練に関する検討

　最後に，初学者の教育・訓練に関する議論について整理する。先述の通り，欧米においては，初学者の教育・訓練の中核をなす方法として，ヘルピングスキル・トレーニング，大学院の専門教育課程における教育・訓練，スーパーヴィジョンなどが挙げられた。日本においては，初学者の教育・訓練に古くから取り入れられている方法のひとつに，カウンセリング場面のロールプレイがある。ほかにも，事例研究やスーパーヴィジョンなどが，初学者の教育・訓練の中核に位置づけられてきた。以下，それぞれについて説明する。

① ロールプレイ

　ロールプレイとは，広瀬（1966），河合（1970），鑪（1973）たちが，教育・訓練の方法のひとつとして，カウンセリング場面のロールプレイを紹介したことを皮切りに発展した手法である。1970年代から1980年代にかけては，「試行カウンセリング」（鑪，1977），「トライアル・カウンセング」（内田・村山・増井，1978），「ミニ・カウンセリング」（中村・岸田，1982；岸田・楡木・中村，1983），「ミニ試行カウンセリング」（田畑，1982）など，さまざまな形態のロールプレイが提案された。これらは，「カウンセリングや心理療法など心理臨床の領域が拡大し，いろんな意味で臨床家が活躍するようになってきている。しかしながら，このような人々が臨床の現場に出て行く以前に，経験しなければならない臨床的な基礎的訓練のためのコースは，まだ日本のどこの大学にもない」（鑪，1977）という状況のなかで編み出された教育・訓練の方法である。設定場面や実施方法に多少の違いはあるものの，カウンセラー役とクライエント役を設定してカウンセリング場面を再現する，という点では共通している。

　ロールプレイは，その後もさまざまな指導者によって教育・訓練に取り入れられ，その意義や効果的な実施方法について繰り返し議論がなされてきた（たとえば，鶴，1986；氏原，1997；中西・鈴木・山本，1998；下山，

2000c)。山田（2007）は、これらの文献を概観し、ロールプレイの実施方法を改めて整理したうえで、その意義について、①カウンセラー役の体験、②クライエント役の体験、③グループ討議への参加、という3点から整理した。一連の議論は、教育・訓練環境が比較的充実した現在でも、初学者がクライエントと出会う準備段階の教育・訓練として、ロールプレイが重要な位置を占めることを示すものである。しかし、上述の通り、ロールプレイとは、教育・訓練環境が整わないなかで編み出された手法である。今後は、その意義だけでなく課題や限界についても積極的な議論を重ね、時代に即した形で発展させていくことが重要であろう。

② 事例研究

　続いて、事例研究について述べる。下山（2001c）によると、1974年、京都大学教育学部心理教育相談室の紀要が発刊され、以後の事例研究重視の日本の臨床心理学研究に先鞭を付けることになった。その後、1982年には、日本心理臨床学会の機関専門誌として『心理臨床学研究』が発刊され、事例研究への取り組みが広がりを見せた。事例研究は、臨床の実情に即した研究として、多大な意義を有するものである（山本・鶴田、2000）。河合（1995b）は、「自分の行なってきたことを客観化してみるという点で、事例研究は訓練としての意味も非常に高い」と述べ、教育・訓練における事例研究の意義について強調している。このように、日本においては、事例研究は臨床的な有用性と臨床家の学習と成長を基調とした研究方法として根づいている手法である（岩壁・小山、2002）と言えるだろう。

　しかし、事例研究の意義や利点が強調されるあまり、批判的検討が十分になされていない点は、日本の課題と言える。岩壁・小山（2002）が、科学的研究と臨床実践の乖離を避けつつ両者を融合し、学問を発展させていくためのひとつの方法として、「事例研究を補い発展させる形で科学的視点を取り入れる」ことを提案していることからも、事例研究の発展は、日本の臨床心理学の今後の発展の基盤となりうるものと考えられる。今後は、事例研究の限界や課題についても積極的に議論が蓄積され、学問発展の一

助となることを期待したい。

③ スーパーヴィジョン

　続いて，スーパーヴィジョンについて述べる。日本における初学者へのスーパーヴィジョンに関する文献を概観した篠原（2010）によると，日本で最初にスーパーヴィジョンに関する論文が発表されたのは，1954年（古澤・小此木，1954）である。しかし，そこから約30年が経過した時点では，心理援助職に対する教育・訓練環境の整わなさが課題として挙げられており（鑪，1983），40年近くが経過した時点でも，「治療者を志す人や初心者には面接をもつ機会が得られにくい」という課題が報告されている（藤原，1990）。「臨床心理士養成の教育体制が大学院を中心に整備され，大学院で初めてSVを受ける初学者が急増してきた」（馬場・岩田・間塚，2005）という報告がなされたのは，古澤・小此木（1954）が論文を発表してから約50年が経過した2005年のことである。つまり，日本においては，古くからスーパーヴィジョンの重要性については認識されつつも，実際に初学者の教育・訓練の一環として根づいたのは，ごく最近のことであると言えるだろう。

　このような状況においても，スーパーヴィジョンをめぐっては，いくつかの議論が継続的に蓄積され，その実施方法や意義や課題について検討が重ねられてきた。近年では，初学者に対するスーパーヴィジョンにおいては，「模倣モデルの提示と具体的・現実的な指摘が効果的であるとする立場」と，「ヴァイジーの依存性の助長や主体性の喪失などの弊害を懸念する立場」が存在することが指摘されている（篠原，2010）。また，初学者へのスーパーヴィジョンの留意点についてもいくつかの議論がなされており，篠原（2010）はこれを，①学派の相違について，②スーパーヴィジョンと教育分析について，③スーパーヴィジョンにおける逆転移への対応，④スーパーヴィジョンにおける初学者の自己理解，という4点に分けて整理している。さらに，2009〜2011年にかけては雑誌『精神療法』（平木典子＝著）にて，2010〜2012年にかけては雑誌『臨床心理学』（村瀬嘉代子＝編）に

て，スーパーヴィジョンに関する論考が連載されており，日本におけるスーパーヴィジョンに関する多角的な議論は体系的に整理されつつある。しかし，これまで蓄積された議論の多くは，熟練者たちの経験に根差した知見にもとづくものであり，これらの知見が実証されていくことが今後の課題であると言えるだろう。さらに，平木（2009）によると，精神科医を含む日本の指導者の多くは，スーパーヴィジョンを受ける経験はあっても，スーパーヴァイザー訓練は受けていないという問題を抱えている。今後は，スーパーヴィジョンの在り方について，学習者側，指導者側の両面から検討されることが課題と言える。

④ その他の教育・訓練

　最後に，その他の教育・訓練について述べる。わが国においては，「調査，研究の方法はさまざまで，教育者となった心理臨床家が，自らの経験をふまえ試行錯誤しながら教育・訓練を行ってきたことがうかがわれる」（岩井，2007）という指摘がある通り，上述したもののほかにも多様な教育・訓練が存在する。たとえば，ロンドンのタヴィストック・クリニックを参考にした乳幼児観察（中津・二宮・山下，2009；葛西ほか，2009；中津・両木，2010；山下・中野・中津，2010）や，フォーカシング法をセラピストに適用したセラピスト・フォーカシング（吉良，2002；伊藤・山中，2005；伊藤・寺脇，2008；真澄，2009；小林・伊藤，2010；押岡・勝倉・白岩，2011）といった実習は，感受性訓練の一環として注目され，複数の研究が蓄積されている。また，心理劇実習（岡嶋，2002），スクィグル実習（伊藤，2010），コラージュ療法（今田，2010），描画法（田畑，2010）などの芸術療法や，ロールシャッハ法（森田・仲原，2004），バウムテスト（片本，2005）などの心理検査を取り入れた実習など，さまざまな形態の実習も試みられている。これらは，現状では「ほとんどが1回の実施報告に終わっており，訓練の効果などを継続的に検討している調査報告はない」（岩井，2007）点に課題があるが，今後，多角的な検討がなされる価値は十分にあるだろう。

さらに，最近では，教育・訓練の効果を測定するための方法として，日本語版のカウンセリング自己効力感尺度（Counselor Activity Self-Efficacy Scales）の作成（葛西, 2005）や，日本語版のスーパーヴァイジー職業的発達尺度（Supervisee Levels Questionnaire）の作成（上村ほか, 2014）なども進められている。今後は，こうした尺度の発展と活用も期待される。

*

以上，日本においては，実証研究によって効果が裏づけられた教育・訓練が重視されてきたというよりは，臨床実践を積む機会や臨床実践を発展させる機会となることを意図した教育・訓練が重視されてきたと言えるだろう。今後は，これまでに考案されてきた教育・訓練の手法の効果や意義だけでなく，批判的側面についても，多角的な議論が蓄積されていくことが重要であろう。

5. まとめ

各テーマに関する議論について改めて振り返ると，日本においては，心理職の技能的発達に関する研究の蓄積がまだまだ不十分であることがわかる。むしろ，熟練者たちが試行錯誤しながら獲得してきた経験と知恵が継承されることで，臨床実践に根差して臨床心理学が発展してきたことが確認されたと言えるだろう。同時に，各知見が体系的に整理されていない点，その有用性や汎用可能性についての検証が不十分である点が，課題として示された。このような状況においては，欧米と同様に「初学者特有の職業発達のプロセスや促進要因に関する議論が不十分なままに教育・訓練の方法論が発展する」といった矛盾が生じているだけでなく，「指導者によって何がどの程度重視されているのかという点に違いが存在する」といった課題も生じている。これらを踏まえると，日本においては，まずは既存の知見の整理と検証，および，実証研究の蓄積が急務と言える。とりわけ，「初学者はどのように学びの実感を得て，どのように難しさを実感しているの

か。そしてそれはどのように変化していくのか」といった初学者特有の職業発達のプロセスの全体像を把握することは、欧米と同様に、もしくはそれ以上に重要と言えるだろう。そして、得られた初学者の声をもとに既存の教育・訓練の在り方を見つめ直し、指導者間のずれを最小化することで教育・訓練を均質化していくことが、今後、心理援助職が専門家集団として活動していくうえで求められる責務ではないだろうか。

3－心理援助職の技能的発達研究の現状と課題

これまで述べてきた通り、欧米と日本の心理援助職の技能的発達に関する議論は各々に発展しており、多くの違いも存在する。しかし、ともに「初学者はどのように学びの実感を得て、どのように難しさを実感しているのか。そしてそれはどのように変化していくのか」といった初学者特有の職業発達のプロセスの全体像が十分に捉えられていない点に、重大な共通課題が存在することが確認された。

加えて、序論にも示した通り、本研究は、「個人差」への関心を前提とするものである。しかし、先行研究からは、心理援助職の技能的発達という観点から「個人差」に着目した研究は、欧米・日本ともに、ほとんどなされていないことが確認された。ただし、初学者に「個人差」が存在することは、Conway (1988) や Perlesz, Stolk & Firestone (1990) などの研究において実証的に示されている（金沢，1998）。また、複数の心理療法の効果研究において、技法や理論アプローチの違い以上に、担当するセラピストの個人的資質のほうが、心理療法の成否を左右することも指摘されている（たとえば、Crits-Cristoph & Mintz, 1991 ; Henry & Strupp, 1994 ; Lambert, 1989 ; Wampold, 2001）。こうした知見を踏まえると、心理援助職の技能的発達について考えるうえで、さらには、より役に立つ心理療法について検討するうえで、「個人差」を丁寧に捉える必要があるだろう。

なお、初学者特有の職業発達プロセスも個人差も十分に捉えられていな

い現状の課題を踏まえると，心理援助職の技能的発達に関する研究は，まだまだ発展途上であると言わざるをえない。ゆえに，既存の教育・訓練の方法や定説とされる知見が，必ずしもすべての初学者にとって有用とは限らないという現状を，改めて認識しておくことが重要であろう。初学者が学びを進めるうえでは，こうした現状を踏まえ，「既存の知見を絶対視しすぎることなく，自分に合った学び方を主体的に求めていくこと」が必要になることを指摘しておきたい。

また，こうした現状においては，序論の冒頭に示した問いの答えを，既存の研究に求めることは困難である。ゆえに，第2部では，調査研究を通して，問いの答えの探究を継続することにしたい。

第2部

事例から考える

第3章
成長過程の第1ステージ
大学生ボランティア経験と「ポジションの移行」

　心理援助職の技能的発達において，大学生段階は，専門的な教育・訓練を受ける前の土台作りの段階に位置づけられてきた。事実，大学生段階からボランティア活動などの体験的実習を経験しておくことの意義が認められているが（伊藤ほか，2001；藤原，2000；黒沢・日高，2009），この意義について具体的に踏み込んだ研究は現状ではあまりなされていない。

　では，大学生段階での体験的実習の経験は，学生にどのような体験をもたらすのだろうか。そして，その体験はどのようなプロセスをたどって変化していくのだろうか。さらに，その変化のプロセスに個人差はあるのだろうか。本章では，大学生段階の体験的実習がもたらす変化のプロセスと個人差に着目して，その仕組みを明らかにしていく。

　はじめに大学生ボランティア経験の調査研究を報告し，変化のプロセスとその個人差を具体的に素描していきたい。その後，この調査研究の結果を分析しながら，心理援助職の成長過程の第1ステージ「ポジションの移行」における学習のポイントについて，考えていくことにする。

1 ─ 調査研究の概要

1. 目的

　本研究では，体験的実習（小学校におけるボランティア活動）を経験し

た大学生について，①体験の全体像をボトムアップ的に捉えること，②体験の変化をプロセスとして整理すること，③体験の個人差について理解を深めること，を目的とした。

2．方法

① 分析データ

本研究で活用したデータは，小学校の特別支援学級におけるボランティア活動に参加した14名の大学生が，情報や体験の共有のために自発的に活用した電子掲示板（以下，掲示板と略記）上の記録である。本研究では，X年4〜12月に掲示板に記載された記録を分析対象とした。

② 調査協力者と属性

上記掲示板を活用した14名の調査協力者は，全員，同一大学の臨床心理学系の学部に所属する3〜4年生の女性であった（筆者を含む）。同一大学の女性に偏っている点で，必ずしも一般化に適するとは言えないが，同じ教育環境下に置かれた学生たちが同じ場で同じ子どもたちに関わった体験に焦点を当てることで，学生の体験の多様性や共通性を，教育環境や実践環境の特性に左右されず比較・検討できるという利点があると考えられた。

また，ボランティア活動への参加・中断，および，掲示板への記録は，個人の意思に委ねられていたため，ボランティア活動に参加し，かつ，掲示板への記録を継続した期間を「活動期間」とした（表3-1）。掲示板を活用せずボランティア活動にのみ参加していた学生は存在せず，ボランティア活動への参加期間と掲示板への記録の継続期間はおおむね一致していた。

③ ボランティア活動の概要

当ボランティア活動は，特別支援学級と通常学級の交流活性化を目的に，

表3-1 調査協力者一覧

調査協力者（I）	学年	活動期間	分析過程
1	4年生	5回未満	ステップ1
2	3年生	5回未満	ステップ1
3	3年生	5回未満	ステップ1
4	3年生	5回未満	ステップ1
5	4年生	1学期間	ステップ2
6	3年生	1学期間	ステップ2
7	4年生	1年間	ステップ3
8	4年生	1年間	ステップ3
9	4年生	1年間	ステップ3
10	4年生	1年間	ステップ3
11	4年生	1年間	ステップ3
12	3年生	1年間	ステップ3
13	3年生	1年間	ステップ3
14	3年生	1年間	ステップ3

　自治体の広報誌にて広く募集されたものである。調査協力者の所属する大学のアルバイト・ボランティア募集用掲示板においても募集がなされ，調査協力者はそこに応募して採用された。試験的な取り組み段階であったことから，活動に関する具体的な規定は体系化されておらず，派遣された学校の教師の指示に従い活動することが条件とされていた。当活動においては，数カ月に一度，特別支援学級の教師とボランティア間でミーティングが実施され，状況や方針の共有がなされていたほか，日々の活動で困った際には，その日のうちに教師に相談し，助言を仰げる体制が整えられていた。
　活動内容は，主に教師の補佐的業務であり，特別支援学級と通常学級を行き来する子どもの付き添い支援や，休み時間の遊び相手が中心であった。学生は，1日1〜3人程度，ローテーションを組んで活動に取り組み，その日の活動内容や感想を掲示板に報告した。掲示板に記載する内容や分量に決まりはなく，各自が共有したいと思う情報を継続的に記載し合うこと

で構成されていた。掲示板の閲覧は，同ボランティア活動に参加している学生のみに限定されていた。

④ 分析方法

本研究では，グラウンデッド・セオリー・アプローチ（Strauss & Corbin, 1998［操・森岡＝訳，2004］）（以下，GTA と略記）を援用し分析した。分析は，活動期間の短い順に調査協力者を3つのステップに分けて実施し（表3-1参照），活動期間の長期化に伴いどのようなカテゴリが新たに生成されるかを検討することで，学生の体験の変容を捉えることを目指した。生成されたカテゴリは，概念の包括性の高い順に，カテゴリ・グループ，カテゴリ，下位カテゴリと呼ぶ。

また，カテゴリ間の関連づけに際しては，人間の発達や人生径路の多様性・複数性の時間的変容を捉える分析・思考の枠組みモデル（荒川・安田・サトウ，2012；サトウ，2009）である複線径路・等至性モデル（Trajectory Equifinality Model : TEM）の考え方も援用した。

最終的に，体験的実習（小学校におけるボランティア活動）を経験した大学生について，①体験の全体像をボトムアップ的に捉えること，②体験の変化をプロセスとして整理すること，③体験の個人差について理解を深めること，という3つの目的に即した仮説と，それを視覚的に表現するモデルを作成した。

3. 結果

① 結果の全体像の提示

分析の結果，ボランティア経験を通して，学生が子どもと自身の関わりを振り返り記述する際の立ち位置（ポジション）が段階的に変容すること，それに伴って，実践を振り返る際の視点が多様化することが明らかとなった。本研究では，これをボランティアの体験プロセスとして整理し，実践を振り返る視点の多様化の程度に応じて，①当事者ポジション，②観察者

図 3-1　ボランティアの体験プロセス

ポジション，③客観的ポジション，④俯瞰的ポジション，という 4 つの段階に区別した（図 3-1）。

以下，得られた結果の詳細について，各ポジションの特徴，ポジション間の移行プロセス，ボランティアの体験プロセスの分岐点の順に説明する。なお，以下の本文中では，カテゴリ・グループを【　　】，カテゴリを［　　］，下位カテゴリを〈　　〉で示す。

② **各ポジションの特徴**
(1) 第 1 段階「当事者ポジション」

「当事者ポジション」とは，学生がボランティア活動を開始し，子どもの言動に一喜一憂しながら活動に取り組む段階を指す。本段階の学生は，子どものポジティブな言動や変化に目を向けた際にはポジティブな実感を抱き，気がかりな言動に目を向けた際には「もやもや感」（一定しないさまざまな感情）を抱きながら，一喜一憂を繰り返す。学生の子どもに関わる当事者としての体験が，実践を振り返る際の視点にもそのまま反映されていることから，本段階を「当事者ポジション」と名づけた。生成されたカテゴリを表 3-2 に示す。本段階には，ボランティアの活動期間にかかわらず，すべての学生の記述が分類された。

子どものポジティブな言動とは，〈意欲や関心を示す〉〈こちらの期待に沿った言動を示す〉〈ポジティブな感情を表現する〉〈良好な対人関係を示す〉などの言動を指す。そして，子どもの言動の変化とは，〈学校での様子が安定化する〉〈こちらの期待する変化・成長が見られる〉〈対人関係の

表 3-2 当事者ポジション

カテゴリ・グループ	カテゴリ	下位カテゴリ	ステップ
子どもの言動に目を向ける	子どもが示したポジティブな言動に目を向ける	意欲や関心を示す	①②③
		こちらの期待に沿った言動を示す	①②③
		ポジティブな感情を表現する	①②③
		良好な対人関係を示す	②③
	子どもが示した気がかりな言動に目を向ける	意欲や関心を示さない	①②③
		こちらの期待に反した言動を示す	①②③
		ネガティブな感情を表現する	①②③
		気がかりな対人関係を示す	②③
	子どもの言動の変化に目を向ける	学校での様子が安定化する	②③
		こちらの期待する変化・成長が見られる	②③
		対人関係の深まりが見られる	②③
自身の実感に目を向ける	自身が抱いたポジティブな実感に目を向ける	子どもとやりとりすることの楽しさを実感する	①②③
		自身の関わりが上手くいったという手応えを得る	①②③
		子どもの良好な対人関係を嬉しく思う	②③
		子どもの変化・成長を嬉しく思う	②③
	自身が抱いたもやもや感に目を向ける	子どもとやりとりすることの難しさを痛感する	①②③
		子どもの気がかりな対人関係を目の当たりにして傷つく	②③
		自身のできなさに目を向ける	①②③
		もやもや感に対処したいと考える	①②③

※①・②・③の番号は，ステップ1・2・3で生成されたことを示す。

深まりが見られる〉などの変化を指す。こうした言動や変化が見られたとき，学生は，〈子どもとやりとりすることの楽しさを実感する〉〈自身の関わりが上手くいったという手応えを得る〉〈子どもの良好な対人関係を嬉しく思う〉〈子どもの変化・成長を嬉しく思う〉など，［自身が抱いたポジティブな実感に目を向ける］ことになる。一方，子どもの気がかりな言動とは，〈意欲や関心を示さない〉〈こちらの期待に反した言動を示す〉〈ネガティブな感情を表現する〉〈気がかりな対人関係を示す〉などの言動を

指す。こうした言動が見られたとき，学生は，〈子どもとやりとりすることの難しさを痛感する〉〈子どもの気がかりな対人関係を目の当たりにして傷つく〉〈自身のできなさに目を向ける〉〈もやもや感に対処したいと考える〉など［自身が抱いたもやもや感に目を向ける］。具体的な記述例を以下に示す。

　　　今日は朝の会の後，D君と教室に戻ってきてたのですが，途中まではなんともなく戻っていたのが，1階の階段をおりたところで急に「教室に戻りたくない！」と三角座りをしてうずくまってしまい，何かを言っても待っても立ってくれなくて，どうしたらいいのかわからなくなりました。(I.13／5月11日〈子どもとやりとりすることの難しさを痛感する〉)

　このように，本段階の記述は，学生が子どもの言動とそれに対する自身の実感をエピソードごとに報告している点に特徴があると言えるだろう。

(2) 第2段階「観察者ポジション」
　「観察者ポジション」とは，学生が，子どもの言動の理由を推測することや，子どもへの関わり方を吟味することを通して，自身の実践への理解を深めようと試みる様子を表す。子どもの言動に一喜一憂していた「当事者ポジション」に対し，子どもの言動を，観察者のような視点から少し距離を置いて捉えられるようになる段階と言える。こうした視点の特徴から，本段階を「観察者ポジション」と名づけた。後述する「客観的ポジション」「俯瞰的ポジション」も，"学生が，子どもの言動の理由を推測することや，子どもへの関わり方を吟味することを通して，自身の実践への理解を深めようと試みる様子を表す"という点では「観察者ポジション」と共通する。しかし，その際の視点が，活動期間の長期化や，子どもとの相互関係の深まり，個々人の変化・成長などに伴い多様化する様子が示されたことから，本研究ではこれらを区別して整理した。「観察者ポジション」にて生成・

表3-3 観察者ポジション

カテゴリ・グループ	カテゴリ	下位カテゴリ	ステップ
子どもの言動の理由を推測する	子ども側の要因として推測する	子どもの気持ちと関連づけて推測する	②③
		子どもの考えと関連づけて推測する	②③
		子どもの個性と関連づけて推測する	②③
	子どもと環境の相互作用や時間の経過を踏まえて推測する	子どもの変化・成長の結果として理解する	②③
		環境や状況と関連づけて推測する	②③
子どもへの関わり方を吟味する	子どもの変化を目的に有用な関わり方を考える	声のかけ方を工夫する	②③
		指示の出し方を工夫する	②③
		関与する程度を工夫する	③
		距離の取り方を工夫する	③
		関わるタイミングを工夫する	②③
	周りの変化を目的に有用な関わり方を考える	子どもを無理に変えようとせず環境や雰囲気作りを工夫する	②③

※①・②・③の番号は，ステップ1・2・3で生成されたことを示す。

追加されたカテゴリを表3-3に示す。本段階には，ボランティア活動を1学期間継続したステップ2の学生と，1年間継続したステップ3の学生の記述が分類された。

「観察者ポジション」において獲得される視点とは，子どもの言動の理由について，［子ども側の要因として推測する］視点，［子どもと環境の相互作用や時間の経過を踏まえて推測する］視点，そして，子どもの言動に対して，［子どもの変化を目的に有用な関わり方を考える］視点，［周りの変化を目的に有用な関わり方を考える］視点である。

［子ども側の要因として推測する］視点とは，〈子どもの気持ちと関連づけて推測する〉〈子どもの考えと関連づけて推測する〉〈子どもの個性と関連づけて推測する〉などの視点を指す。そして，［子どもと環境の相互作用や時間の経過を踏まえて推測する］視点とは，〈子どもの変化・成長の

結果として理解する〉〈環境や状況と関連づけて推測する〉などの視点を指す。

　　Aちゃんが勉強を中断して寝転んでしまった原因は，たぶんその前の休み時間が短かったことではないかなぁと思います。トイレに行った後，外に遊びに行こうとしたら，休み時間が残りわずかで思うように遊べませんでした。Aちゃんも満足いかなかっただろうし，もう少し遊べていれば違っていたかなぁ。(I.12／7月11日〈環境や状況と関連づけて推測する〉)

［子どもの変化を目的に有用な関わり方を考える］視点とは，〈声のかけ方を工夫する〉〈指示の出し方を工夫する〉〈関与する程度を工夫する〉〈距離の取り方を工夫する〉〈関わるタイミングを工夫する〉などの視点を指す。そして，［周りの変化を目的に有用な関わり方を考える］視点とは，〈子どもを無理に変えようとせず環境や雰囲気作りを工夫する〉視点を指す。

　　Aちゃんと接していて，私たちの動きをよく見ているなと思いました。給食に行こうと誘って，嫌がっても私が立ち上がって行こうとすると来てくれたし，保健室から帰ろうって言うときも，「帰ろう」って声をかけたときは首をふって嫌がったのに，私が動き出すと来てくれました。言葉の指示を出しつつ，体で示すといいのでは……と思いました（私は今までは嫌って言うと，気が向くまで待つようにしていたのですが，少し変えてみました）。(I.9／6月9日〈指示の出し方を工夫する〉)

2つの記述例にも示した通り，本段階では，学生が，子どもの言動を出来事ベースで報告するに留めず，観察者のような視点から改めて振り返り，その理由を推測して記述化している。そして，子ども言動に対しても，単に自身が抱いた実感を報告するに留めず，取るべき関わり方を吟味して記

表3-4　客観的ポジション

カテゴリ・グループ	カテゴリ	下位カテゴリ	ステップ
子どもの言動の理由を推測する	子どもと自身の間で生じる相互作用を踏まえて推測する	自身との相互作用の結果として理解する	③
子どもへの関わり方を吟味する	何を大切にして関わりたいかを考える	子どもの気持ちを大切にした関わりを心がける	②③
		自分で考える力を大切にした関わりを心がける	③
		意欲や興味関心を広げられる関わりを心がける	③
		できることが増えるような関わりを心がける	③
		子どもの個性に応じた関わりを心がける	②③
		子ども同士の関係構築のサポートを心がける	②③
	相互作用を意識して有用な関わり方を考える	自身と子どもの相互作用を意識して関わる	③

※①・②・③の番号は，ステップ１・２・３で生成されたことを示す。

述化している点に特徴があると言えるだろう。

(3) 第３段階「客観的ポジション」

「客観的ポジション」とは，学生が内省を通して自身への理解を深め，自身の関わりの意図に自覚的になると同時に，子どもの言動と自身の関わりを，その相互作用も含めてより客観的に捉える視点を獲得する段階である。こうした視点の特徴から，本段階を「客観的ポジション」と名づけた。本段階にて生成・追加されたカテゴリを表3-4に示す。本段階には，ステップ２の学生の記述の一部と，ステップ３の学生の記述が分類された。

「客観的ポジション」において獲得される視点とは，子どもの言動に対して［何を大切にして関わりたいかを考える］視点，子どもの言動の理由について［子どもと自身の間で生じる相互作用を踏まえて推測する］視点，そして，［相互作用を意識して有用な関わり方を考える］視点である。

［何を大切にして関わりたいかを考える］視点とは，〈子どもの気持ちを大切にした関わりを心がける〉〈自分で考える力を大切にした関わりを心がける〉〈意欲や興味関心を広げられる関わりを心がける〉〈できることが増えるような関わりを心がける〉〈子どもの個性に応じた関わりを心がける〉〈子ども同士の関係構築のサポートを心がける〉などの視点を指す。

　　Ｆ君は，みんなの注目が集まってるようなときに，ついついふざけてるみたいなことをしてしまって，それで冷たい雰囲気になると，「また失敗しちゃった」って言ったりして気分が不安定になることが多いなって思いました。そんなときに，もういいよって突き放すのではなくて，またやる気になれるように接していきたいなって思います。なかなか難しいですけど……。(I.8／10月23日〈子どもの気持ちを大切にした関わりを心がける〉)

　一方，［子どもと自身の間で生じる相互作用を踏まえて推測する］視点，そして，［相互作用を意識して有用な関わり方を考える］視点とは，ともに子どもと自身の相互作用を意識して関わる視点を指す。

　　子どもに言ったままにしないで，子どもからの返答をちゃんと受け止めて，そのうえでまた声をかけて……っていうやりとりというか，個人的な関わりや関係を大切にしていきたいなと思いました。(I.11／5月25日〈自身と子どもの相互作用を意識して関わる〉)

　2つの記述例にも示した通り，本段階の記述からは，学生が子どもの各言動に対して一方向的に取るべき関わり方を吟味するのではなく，内省を基に自分は何を大切にして関わりたいかを吟味したうえで，関わりを選択している様子が確認できる。そして，学生が，子どもと自身の間で生じる相互作用を1つのまとまりとして捉え，子どもの反応を確認しつつ双方向的に関わり方を調整している点に特徴があると言えるだろう。

表 3-5　俯瞰的ポジション

カテゴリ・グループ	カテゴリ	下位カテゴリ	ステップ
子どもの言動の理由を推測する	多様な要因の相互作用を踏まえて子どもの言動の理由を推測する	複数の要因の相互作用を踏まえて推測する	③
		状況と子どもの気持ちや考えを照らし合わせて理解する	③
		子どもの言動の良し悪しをそのときの状況も踏まえて判断する	③
		多面的な子どもの姿を踏まえて推測する	③
子どもへの関わり方を吟味する	その場の状況に即した関わり方やバランスの取り方を吟味する	汲み取ることと注意することのバランスを意識して関わる	③
		各子どもに必要なサポートの程度を意識して関わる	③
		子どものニーズと周りの思いのバランスを意識して関わる	③

※①・②・③の番号は，ステップ1・2・3で生成されたことを示す。

(4) 第4段階「俯瞰的ポジション」

　「俯瞰的ポジション」とは，学生が，子どもと自身の相互作用を，自分たちが置かれている環境との複雑な相互作用も含めて俯瞰的に捉える視点を獲得する段階である。こうした視点の特徴から，本段階を「俯瞰的ポジション」と名づけた。本段階にて生成・追加されたカテゴリを表3-5に示す。本段階には，ステップ3の学生の記述のみ分類された。

　「俯瞰的ポジション」において獲得される視点とは，［多様な要因の相互作用を踏まえて子どもの言動の理由を推測する］視点，そして，［その場の状況に即した関わり方やバランスの取り方を吟味する］視点である。

　［多様な要因の相互作用を踏まえて子どもの言動の理由を推測する］視点とは，〈複数の要因の相互作用を踏まえて推測する〉〈状況と子どもの気持ちや考えを照らし合わせて理解する〉〈子どもの言動の良し悪しをそのときの状況も踏まえて判断する〉〈多面的な子どもの姿を踏まえて推測する〉などの視点を指す。

　　最近いろんな人と一緒に入ることが増えて……接する人によって子

どもたちの反応とか様子が，全然違うんだなぁと感じていました。なかでもAちゃんは人によってまったく違う気がします。これまでAちゃんは勉強が苦痛なんだと思っていたのですが……今日は，〇〇さん（ボランティア）が関わると，Aちゃんもこれまで見たことないほどにやる気になっていて，すごくびっくりしました。Aちゃんもただ勉強が嫌なわけではなく，関わる人によって，やる気になれたりなれなかったりするんだと思いました。(I.10／10月22日〈多面的な子どもの姿を踏まえて推測する〉)

一方，［その場の状況に即した関わり方やバランスの取り方を吟味する］視点とは，〈汲み取ることと注意することのバランスを意識して関わる〉〈各子どもに必要なサポートの程度を意識して関わる〉〈子どものニーズと周りの思いのバランスを意識して関わる〉などの視点を指す。

今日の休み時間に，F君はフープに逆回転をかけて投げ，戻ってきたのを飛び越すっていうのを成功させたかったみたいなんだけど，なかなかできなくて終わりの時間になってもずっとこだわってやってました。なんかそういうところってF君らしいな☆って思いました。時間だから終わらせなきゃいけなかったんだけど，成功するまでやらせてあげたいなっていうのもあって……難しいところだなって思いました。今思えば，ただもう終わりの時間だからっていうのではなく，「じゃあ続きは長い休み時間にやろう」とでも言ってあげられればよかったなって思います。(I.8／10月11日〈汲み取ることと注意することのバランスを意識して関わる〉)

2つの記述例にも示した通り，本段階の記述からは，学生が自身と子どもの間で生じる相互作用だけでなく，俯瞰的な視点から，より多様で複雑な相互作用を1つのまとまりとして捉えている様子が確認できる。そして，個々の事情や利益が相反する状況においても，さまざまなバランスを意識

しつつ最善の関わりを選択しようと試行錯誤する様子が記述内容にも反映されている点に，特徴があると言えるだろう。

③ ポジション間の移行プロセス

続いて，ポジション間の移行プロセスについて整理する。移行プロセスとは，学生が実践を振り返り記述する際の視点に，新たな視点が獲得されるプロセスを意味する。

(1) 当事者ポジション－観察者ポジション

「当事者ポジション」から「観察者ポジション」への移行プロセスとは，子どもの言動の理由について，［子ども側の要因として推測する］視点，［子どもと環境の相互作用や時間の経過を踏まえて推測する］視点，そして，子どもの言動に対して，［子どもの変化を目的に有用な関わり方を考える］視点，［周りの変化を目的に有用な関わり方を考える］視点，が獲得されるプロセスを意味する（表3-3）。分析の結果，そのプロセスは，【自身の実践を振り返り子どもの言動の理由を推測する】【自身の実践を振り返り有用な関わり方を検討する】【教師から手がかりを得て子どもの言動の理由を推測する】【教師から手がかりを得て有用な関わり方を検討する】【ボランティアから手がかりを得て子どもの言動の理由を推測する】【ボランティアから手がかりを得て有用な関わり方を検討する】，という6つの経路に大別されることが明らかとなった（表3-6）。

これらの経路は，「観察者ポジション」（表3-3）に分類された下位カテゴリレベルの1つひとつの記述について，記述内容を基に再分類したものである。たとえば，以下に示す2つの発言例の場合，その記述内容から，前者は［子どもが示した気がかりな言動を振り返りその理由を推測する］という経路に分類し，後者は［教師から直接関わり方のアイディアを教わる］という経路に分類した。なお，表3-6の下位カテゴリ名は，各記述が表3-3において分類されていた下位カテゴリ名を示す。

表3-6　当事者ポジションから観察者ポジションへの移行プロセス

カテゴリ・グループ	カテゴリ	下位カテゴリ	ステップ
自身の実践を振り返り子どもの言動の理由を推測する	子どもが示したポジティブな言動を振り返りその理由を推測する	子どもの気持ちと関連づけて推測する	③
		子どもの考えと関連づけて推測する	③
		子どもの個性と関連づけて推測する	③
	子どもが示した気がかりな言動を振り返りその理由を推測する	子どもの気持ちと関連づけて推測する	②③
		子どもの考えと関連づけて推測する	②③
		子どもの個性と関連づけて推測する	②③
		環境や状況と関連づけて推測する	②③
	子どもの言動の変化を振り返りその理由を推測する	子どもの変化・成長の結果として理解する	②③
		環境や状況と関連づけて推測する	③
自身の実践を振り返り有用な関わり方を検討する	上手くいった自身の関わりを振り返り有用な関わり方を検討する	声のかけ方を工夫する	③
		指示の出し方を工夫する	③
		関与する程度を工夫する	③
		距離の取り方を工夫する	③
		関わるタイミングを工夫する	③
		子どもを無理に変えようとせず環境や雰囲気作りを工夫する	③
	上手くいかなかった自身の関わりを振り返り有用な関わり方を検討する	声のかけ方を工夫する	③
		指示の出し方を工夫する	③
		関与する程度を工夫する	③
		距離の取り方を工夫する	③
		関わるタイミングを工夫する	③
		子どもを無理に変えようとせず環境や雰囲気作りを工夫する	③
教師から手がかりを得て子どもの言動の理由を推測する	教師から直接子どもの言動の理由を教わる	子どもの個性と関連づけて推測する	③
		子どもの変化・成長の結果として理解する	③
教師から手がかりを得て有用な関わり方を検討する	教師から直接関わり方のアイディアを教わる	声のかけ方を工夫する	③
		指示の出し方を工夫する	②③
		距離の取り方を工夫する	③
		関わるタイミングを工夫する	②③
		子どもを無理に変えようとせず環境や雰囲気作りを工夫する	②③

表 3-6　当事者ポジションから観察者ポジションへの移行プロセス（つづき）

教師から手がかりを得て有用な関わり方を検討する	教師の実践を見て関わり方のアイディアを得る	声のかけ方を工夫する	②③
		関与する程度を工夫する	③
		関わるタイミングを工夫する	③
		子どもを無理に変えようとせず環境や雰囲気作りを工夫する	③
ボランティアから手がかりを得て子どもの言動の理由を推測する	掲示板を見て子どもの言動の理由に関する情報を得る	子どもの個性と関連づけて推測する	③
ボランティアから手がかりを得て有用な関わり方を検討する	ボランティア仲間の実践を見て関わり方のアイディアを得る	指示の出し方を工夫する	③
		距離の取り方を工夫する	③
	掲示板を見て関わり方のアイディアを得る	子どもを無理に変えようとせず環境や雰囲気作りを工夫する	③

※①・②・③の番号は，ステップ 1・2・3 で生成されたことを示す．

　怒っているという相手の気持ちや反応を理解できつつ，悪いとわかっていつつ，なかなか自分の行動がコントロールできないもどかしさや苦しさは，私たちの想像以上じゃないかと思います．(I.9／5月28日［子どもが示した気がかりな言動を振り返りその理由を推測する］)

　F君が活動に参加するのを嫌がってたとき，□□先生からアドバイスをいただいた通り，「○○やってるよ．なんか面白そうだよ」という感じで，明るく言って見ると，わりと「え，なになに～?」って感じで戻ってきてくれました．(I.10／7月1日［教師から直接関わり方のアイディアを教わる］)

　既述の通り，「当事者ポジション」から「観察者ポジション」への移行

が確認されたのは，ステップ 2・3 の学生のみであった。そして，改めて「当事者ポジション」にて生成されたカテゴリに目を向けると（表 3-2），ステップ 1 の学生の記述からは，子どもの対人関係や変化・成長に関連するカテゴリが生成されていないことが確認された。つまり，「当事者ポジション」から「観察者ポジション」への移行に際しては，子どもの言動を，子どもの対人関係や変化・成長も踏まえて多角的に捉える視点の獲得が前提となると言えるだろう。

　その後，学生は，自身の実践の振り返りや，教師・ボランティアなどの他者から手がかりを得ることを通して，「当事者ポジション」から「観察者ポジション」へと移行する。しかし，その際に，ステップ 2 の学生がたどる経路は，ステップ 3 の学生がたどる経路と比較して，非常に限定的であることが示された（表 3-6）。具体的には，子どもの言動の理由を推測する際，ステップ 3 の学生は，子どものポジティブな言動にも気がかりな言動にも着目するのに対し，ステップ 2 の学生は，子どもが示す気がかりな言動にのみ着目する傾向が強いことが示された。また，子どもへの関わり方を検討する際，ステップ 3 の学生からは，【自身の実践を振り返り有用な関わり方を検討する】経路が多く確認されたのに対し，ステップ 2 の学生からは，同経路に該当する記述は一切確認されなかった。また，ステップ 3 の学生は，教師やボランティアとの直接的なやりとりや観察から得られる情報，掲示板に記載された情報など，他者から得られるさまざまな情報を手がかりとして自身の実践に活かしている様子が確認されたが，ステップ 2 の学生が，それらの情報を活用していることを裏づける記述は数少なく，ボランティアから手がかりを得ていることを示す記述は一切確認されなかった。こうした違いは，「学生が，子どもの言動の理由を推測することや，子どもへの関わり方を吟味することを通して，自身の実践への理解を深めようと試みる」際の経路に，個人差が存在することを示すものと考えられた。

(2) 観察者ポジション－客観的ポジション

「観察者ポジション」から「客観的ポジション」への移行プロセスとは，子どもの言動の理由について，［子どもと自身の間で生じる相互作用を踏まえて推測する］視点，そして，子どもの言動に対して，［何を大切にして関わりたいかを考える］視点，［相互作用を意識して有用な関わり方を考える］視点が獲得されるプロセスを意味する（表3-4）。分析の結果，そのプロセスを示すものとして，【自己理解を深める】【他者からの情報をもとに自身の実感を再確認する】【掲示板にて互いの実感を共有しボランティア間で学び合う】，という3つのカテゴリ・グループが得られた（表3-7）。

具体的には，「観察者ポジション」から「客観的ポジション」への移行に際して，学生は，自身の実践の振り返りを通して，自身の思い・価値観・課題・至らなさなど自身の実感を意識化し，【自己理解を深める】。

> Aちゃんと皆が遊ぶとき，すんなりといかないこともあるけど，こちらがヘルプすればいいし，必ずしも皆と同じくらいできなければいけないわけでもない。でも「無理」って最初からあきらめないで，いろんなことに挑戦してみることは大切だな……と，（鬼をやらせてみて）思いました。そして，何よりAちゃんが「みんなと何かをすることが好き！」「一緒に何かをすることを楽しんでいる」という気持ちを大切にしたいと思いました。(I.7／11月2日〈子どもの気もちを大切にしたい〉)

また，学生は，教師やボランティアなどの他者から得た手がかりも効果的に参照し，自身の実感を再確認する。そして，こうした実感の再確認を通して，自己理解をさらに深化させているものと考えられた。

> 休み時間にAちゃんがバドミントンをしていたのを借りて途中からFくんがバドミントンをしていたのですが……「Aちゃんが出したから」と言って片づけませんでした。ただめんどくさいからかなって

表 3-7　観察者ポジションから客観的ポジションへの移行プロセス

カテゴリ・グループ	カテゴリ	下位カテゴリ	ステップ
自己理解を深める	自身の思いや価値観を意識化する	子どもの気持ちを大切にしたい	②③
		子ども自身が考える力を大切にしたい	③
		子どもの意欲や興味関心が広がるようサポートしたい	③
		できることが増えるよう働きかけたい	③
		個性に応じたサポートをしたい	②③
		子ども同士の関係構築をサポートをしたい	②③
	自身の課題や至らなさを意識化する	自身の未熟さや上手くできなさを反省する	③
他者からの情報をもとに自身の実感を再確認する	教師から得た情報を基に自身の実感を再確認する	教師から得た手がかりをもとに自身の課題を意識化する	③
		教師からの助言や肯定をもとに自身の実感を再確認する	②③
	ボランティアから得た情報を基に自身の実感を再確認する	ボランティア仲間から得た手がかりをもとに自身の課題を意識化する	③
		ボランティア仲間の意見をもとに自身の実感を再確認する	③
掲示板にて互いの実感を共有しボランティア間で学び合う	他のボランティアの記述内容に触発されて自身の実感を振り返り報告する	最近の子どもの様子や置かれている状況を共有する	③
		自身が掴んだ子どもの個性を報告する	③
		子どもが直面しうる問題を予測して共有する	③
		関わり方の具体的なアイディアを提案する	③
		実際に役立った他者のアイディアを共有する	③
		子どもに関わる上で大切にしたいことを提案・共有する	③
	ボランティア間での学び合いを実感する	率直に情報をやりとりできる環境に支えられる	③

※①・②・③の番号は，ステップ１・２・３で生成されたことを示す。

思っていたんですけど，Fくんは，「出した人＝片づける人」という風に考えるので，出していないのに片づけるのは難しいんだということでした。だから，みんなで使ったボールを片づけたりするのも苦手だということです。先生の話を聞いて，Fくんをもっとちゃんと見て理解するよう努力しなきゃいけない‼って強く思った一日でした。(I.9／6月9日〈教師から得た手がかりをもとに自身の課題を意識化する〉)

さらに，ステップ3の学生の記述からは，掲示板を，[他のボランティアの記述内容に触発されて自身の実感を振り返り報告する]場として活用するなど，ボランティア間の学び合いの場として効果的に活用している様子が確認された。こうした学び合いは，学生が自身の実感を再確認すること，そして，【自己理解を深める】ことを，さらに促進する効果があるものと考えられた。

　　(掲示板を活用することで)ボランティア同士で対応について話し合うこともできるし，愚痴も言えるし，体力的にも精神的にも支えてもらってるなーと思いました。(I.7／6月13日〈率直に情報をやりとりできる環境に支えられる〉)

このように，「観察者ポジション」から「客観的ポジション」への移行に際しては，学生が，自身の実践の振り返りと，教師・ボランティアなどの他者とのやりとりを通して，自身の思い・価値観・課題・至らなさなど自身の実感を繰り返し確認し，自己理解を深めている点に特徴があると言えるだろう。そして，自身の思いや価値観の意識化が，何を大切にして関わりたいかを考える視点を獲得する基盤となり，自身の課題や至らなさの意識化が，子どもと自身の相互作用を捉える視点を獲得する基盤となり，移行プロセスを支えていると考えられた。
　ただし，表3-7にも示された通り，この移行プロセスに該当する記述の多くが，ステップ3の学生から得られたものであり，ステップ2の学生か

ら得られた記述は限られていた。これは，「当事者ポジション」から「観察者ポジション」への移行に際して，ステップ2の学生がたどる経路が，ステップ3の学生がたどる経路と比較して，限定的であったことに起因するものと考えられる。たとえば，「観察者ポジション」から「客観的ポジション」への移行に際して，ステップ2の学生からは，ボランティア間で学び合う様子を示す記述が一切確認されていないが（表3-7），これは，「当事者ポジション」から「観察者ポジション」への移行に際して，ステップ2の学生がボランティアから手がかりを得ていることを示す記述が一切確認されなかった（表3-6）ことに起因するものと理解できる。つまり，「観察者ポジション」から「客観的ポジション」によりスムーズに移行するためには，その前の段階である「当事者ポジション」から「観察者ポジション」へと移行する際の経路を，可能な限り多様化させておくことが重要であると言えるだろう。

(3) 客観的ポジション－俯瞰的ポジション

「客観的ポジション」から「俯瞰的ポジション」への移行プロセスとは，［多様な要因の相互作用を踏まえて子どもの言動の理由を推測する］視点，および，［その場の状況に即した関わり方やバランスの取り方を吟味する］視点，が獲得されるプロセスを意味する（表3-5）。分析の結果，そのプロセスを示すものとして，【子どもとの関わりにおいて新たな課題に直面する】【改めて自身の実践を振り返り多角的に吟味する】【教師との関わりにおいて新たな課題に直面する】【教師との関係性をより良いものにする方法を模索する】【他者への理解を深める】【自身を相対化して理解する】，という6つのカテゴリ・グループが得られた（表3-8）。

このうち，［想定と実際の不一致に戸惑う］など，【子どもとの関わりにおいて新たな課題に直面する】体験は，学生が【改めて自身の実践を振り返り多角的に吟味する】際の起点となる。

　　この日は，縦割り給食でFくんにつきました。Fくんに「今日，一

表3-8 客観的ポジションから俯瞰的ポジションへの移行プロセス

カテゴリ・グループ	カテゴリ	下位カテゴリ	ステップ
子どもとの関わりにおいて新たな課題に直面する	想定と実際の不一致に戸惑う	想定通りのやりとりにはならない難しさを実感する	②③
		関わりのさじ加減やバランスの難しさを実感する	②③
改めて自身の実践を振り返り多角的に吟味する	サポートの程度やバランスの取り方を改めて吟味する	気持ちを汲み取ることと注意することのバランスを吟味する	③
		個々の子どもに応じた必要なサポートの程度を吟味する	③
		子どものニーズと周りの思いのずれの間でバランスを考える	③
	子どもの言動と多様な要因の相互作用を改めて吟味する	改めて複数の要因に思いを巡らせる	③
		改めて状況と子どもの言動と照らし合わせて考える	③
		異なる場面での子どもの様子と照らし合わせて考える	③
教師との関わりにおいて新たな課題に直面する	教師と自身の思いや意見の不一致に戸惑う	教師の子どもへの関わり方に違和感を抱く	②③
		教師の助言が腑に落ちない場面に直面する	③
		教師の思いや意見に違和感を抱く	③
教師との関係性より良いものにする方法を模索する	教師と自身の関係性を見つめ直す	大人同士の信頼関係構築の重要性を実感する	③
		教師に率直に相談して方針をすり合わせる	③
他者への理解を深める	教師に対する理解を深める	教師の思いや価値観を知る	③
		教師の大変さに思いを馳せる	③
		これまで見えていなかった教師の別の一面を知る	③
	ボランティア仲間に対する理解を深める	他のボランティアの自分にはない一面を知る	③
自身を相対化して理解する	自身を相対化して捉える視点をもつ	自身の個性を意識する	③
		周囲から見た際の自身の見え方を意識する	③

※①・②・③の番号は，ステップ1・2・3で生成されたことを示す。

緒に給食食べていい？」と聞いたら，「やだ！」って言われて，「ダメかなぁ？　Fくんと一緒に食べたいんだけど」って言うと，「やだ！大人と一緒に食べたくない！　子どもと一緒に食べる！」って言われました。［…］いつも，5年生のところに行くときも必ず大人が傍にいて，縦割り班の給食のときも大人が傍にいて，それが結果的にFくんの交友関係の幅を狭めている気もしたし，Fくんのプライドも傷つけていたんじゃないかなって思ってすごく複雑な気分になりました。交流給食に一人で行かせるわけにはいかないから，Fくんと一緒に大人も5年生の教室に行くとしても……一人で食べられるFくんとわざわざ同じ班で食べる必要はないわけだし，何かあったときに対処できるためにっていう立場を取って，距離を置く必要性を感じました。（I.9／10月18日〈子どものニーズと周りの思いのずれの間でバランスを考える〉）

　一方，［教師と自身の思いや意見の不一致に戸惑う］など，【教師との関わりにおいて新たな課題に直面する】体験は，学生が【教師との関係性をより良いものにする方法を模索】し，［教師に対する理解を深める］際の起点となる。そして，こうした体験は，それまでは実践の手がかりを得る対象者であった教師の位置づけを，理解を深める対象者へと変化させる。

　　2学期に入って，先生方の考え方や方針がずれている感じが気になるけど……まだ新学期が始まったばかりで，学校も何となく落ち着かないし，先生たちも余裕がないのかなって思うので，私たちも様子を見ながら動いていくしかないのかなって思いました。1学期のままでいいのか，変える必要があるのかなど，それぞれの先生と密にコミュニケーションを取っていかないといけないかなって思いました。（I.8／9月14日〈教師の大変さに思いを馳せる〉）

　また，学生は，「教師とボランティア仲間の比較」を行いながら教師理

解を深めることも多く，教師理解と連動する形で［ボランティア仲間に対する理解も深める］。そして，教師の位置づけが変化するのと同様に，ボランティア仲間の位置づけも，互いに学び合う対象者から理解を深める対象者へと変化していく。

　さらに，こうして教師・ボランティアなどの他者への理解を深める体験は，その後，学生が，「他者と自身の比較」を通して【自身を相対化して理解する】ことを可能にする。

　　△△さん（ボランティア）が「上手い！」って思ったのは，一方的に指示を出すのではなく，Aちゃんの前に立って「○○してもいいかな？」と聞いたり，注意を引きつけてから，びしっと声かけをしているところです。私の声かけは，後ろからだったり，口調が優しくだらだら続く感じになってしまったので，Aちゃんの顔を見てきっちり伝えようと思いました。(I.7／11月22日〈自身の個性を意識する〉)

　以上から，「客観的ポジション」から「俯瞰的ポジション」への移行に際して，学生は，【子どもとの関わりにおいて新たな課題に直面する】体験を起点として，自身の実践を振り返る際の視点をより一層多様化させていることがわかる。そして，【教師との関わりにおいて新たな課題に直面する】体験を起点として，教師やボランティアなど【他者への理解を深め】，ひいては【自身を相対化して理解する】視点の獲得へとつなげている点に特徴があると言えるだろう。これらの視点の獲得は，［多様な要因の相互作用を踏まえて子どもの言動の理由を推測する］視点，および，［その場の状況に即した関わり方やバランスの取り方を吟味する］視点の基盤となり，「俯瞰的ポジション」への移行を可能にする。

　ただし，既述の通り，「客観的ポジション」から「俯瞰的ポジション」への移行が確認されたのは，ステップ3の学生のみである。そして，このプロセスにおいても，自身の実践の振り返りと，教師・ボランティアなど他者とのやりとりが，学生の新たな視点の獲得の前提に位置していること

が確認された。つまり,「当事者ポジション」から「観察者ポジション」への移行に際して多様な経路を経ておくことは,「客観的ポジション」から「俯瞰的ポジション」への移行に際しても,自身の実践を振り返る際の視点を多様化させるうえで,さらには,他者理解を深め,自身を相対化して理解する視点を獲得するうえで,重要な機能を有すると考えられた。

④ ボランティアの体験プロセスの分岐点

最後に,各ポジションの特徴,および,それぞれのポジション間の移行プロセスの比較から,ボランティアの体験プロセスの分岐点について,改めて整理する。

(1) 分岐点①──子どもの言動への着眼点

「当事者ポジション」から「観察者ポジション」への移行に際しては,子どもの言動を,子どもの対人関係や変化・成長も踏まえて多角的に捉える視点を獲得しているか否かが,ステップ2・3の学生とステップ1の学生の相違点として示された。そして,子どもの言動の理由を推測する際に,子どものポジティブな言動にも気がかりな言動にも着目しているか,気がかりな言動にのみ着目する傾向が強いか,という点が,ステップ3の学生とステップ2の学生の相違点として示された。これらの違いを踏まえると,子どもの言動への着眼点が,ボランティアの体験プロセスの1つの分岐点となると言えるだろう。

(2) 分岐点②──自身の実践の振り返り方

また,「当事者ポジション」から「観察者ポジション」への移行に際して,実践の振り返り方にも個人差が見られることが確認された。具体的には,子どもへの関わり方を検討する際,ステップ3の学生からは,自身の実践の振り返りを通して有用な関わり方を吟味している様子を示す記述が多く確認されたのに対し,ステップ2の学生からはそうした記述は一切確認されず,むしろ,教師から手がかりを得ることを優先する傾向が強いこ

とが確認された（表3-6）。そして，こうした自身の実践の振り返り方に見られる個人差は，その後の移行プロセスにおいても大きな影響を及ぼすことが示された。具体的には，「観察者ポジション」から「客観的ポジション」への移行に際しては，学生が自身の思い・価値観・課題・至らなさなど自身の実感を意識化し，自己理解を深めていけるか否かを左右する。そして，「客観的ポジション」から「俯瞰的ポジション」への移行に際しては，学生が，自身の実践の振り返る際の視点をさらに多様化させられるか否かを左右する。以上を踏まえると，自身の実践の振り返り方に見られる個人差は，ボランティアの体験プロセス全体に影響を及ぼす重要な分岐点であると言えるだろう。

(3) 分岐点③——他者から得られる情報の活用

さらに，「当事者ポジション」から「観察者ポジション」への移行に際して，他者から得られる情報の活用に関しても個人差が存在することが確認された。具体的には，ステップ3の学生は，教師やボランティアとの直接的なやりとりや観察から得られる情報，掲示板に記載された情報など，他者から得られるさまざまな情報を自身の実践に効果的に活用しているのに対し，ステップ2の学生が活用する情報は，教師から得られた情報に限定されていた（表3-6）。そして，こうした他者から得られる情報の活用における個人差は，実践の振り返り方に見られる個人差と同様に，その後の移行プロセスにおいても大きな影響を及ぼすことが示された。具体的には，「観察者ポジション」から「客観的ポジション」への移行に際しては，学生が，他者からの情報を手がかりに自身の実感を再確認する程度を左右する。また，掲示板をボランティア間の学び合いの場として効果的に活用できるか否かも左右する。そして，「客観的ポジション」から「俯瞰的ポジション」への移行に際しては，学生が，教師やボランティアなどの他者の位置づけを，手がかりを得る対象者や互いに学び合う対象者から理解を深める対象者へと変化させられるか否かを左右し，ひいては，自身を相対化する視点を獲得できるか否かを左右する。以上を踏まえると，他者から得られる情

報の活用に見られる個人差は，ボランティアの体験プロセス全体に影響を及ぼす重要な分岐点であると言えるだろう。

＊

　以上，ボランティアの体験プロセスの分岐点として，3点を提示した。もちろん，本研究で示された分岐点は，あくまで学生たちが掲示板に記述した内容の違いであり，記述化されていない体験は一切考慮できていない。しかし，同一のボランティア活動に取り組んだ学生間であっても，活動継続期間の異なる群ごとに，掲示板への記述内容が明らかに異なることを具体的に示した本研究の結果は，単にボランティア活動を"経験すること"が学生の成長を一律に促すわけではなく，"学び方"によって成長が促進されたりされなかったりすることを実証的に示したと言える。

　それでは，どのような"学び方"であれば，ボランティア体験から，より効果的に学ぶことができるのであろうか。次節では，調査研究から得られた知見を参考に，成長過程の第1ステージにおける学習のポイントを整理する。

2 - 成長過程の第1ステージにおける学習のポイント
――専門的な学習を始める前に

1. 第1ステージにおける学習のポイント

　調査研究の結果，ボランティアの体験プロセスと3つの分岐点が示された。3つの分岐点とは，①子どもの言動への着眼点，②自身の実践の振り返り方，③他者から得られる情報の活用，である。得られた知見を踏まえ，第1ステージにおける学習のポイントとして，以下の3点を提示したい。

- 観察する――支援対象者とのやりとりを通して，相手の言動や反応を観察すること。
- 省察する――実践記録の作成をもとに省察を繰り返し，より意味

のある支援のあり方について思いを巡らせること。
- 情報を活用する――他者との直接的・間接的なやりとりを通して得られるさまざまな情報を自身の実践に活用すること。

非常にシンプルなポイントではあるが，これらの行為に1つひとつ丁寧に取り組むことで，ボランティアの体験プロセスにおけるポジションを移行・発展させていくことが，このステージで求められる学習と言えるだろう。

2. 学習内容

上記3つの行為を通して具体的に学習すべき内容としては，支援対象者を知る，自分自身を知る，より良い関わり方を考える，という3点を提示しておきたい。これらはいずれも，ボランティアの学生間で個人差が存在することが確認されたポイントである。以下，調査結果の再提示と併せて，各ポイントについて説明する。

① 支援対象者を知る
(1) 言動を多面的に捉える

調査研究の結果，学生が子どもの言動に着目する際，意欲・関心のあり方や感情表現など，個人の言動にのみ目を向けるか，対人関係や変化・成長など，周囲との関係性や時間的経過にも目を向けるか，という点に個人差が見られた。そして，子どもの言動を，より多面的に捉えている学生ほど，学びを発展させていることが確認された。以上を踏まえ，学習のポイントのひとつとして，言動を多面的に捉えることを挙げておく。

(2) 言動の理由を多角的に推測する

また，学生が子どもの言動の理由を推測する際，ポジティブな言動にも気がかりな言動にも着目しているか，気がかりな言動にのみ着目する傾向が強いか，という点にも個人差が見られた。そして，子どもの言動の理由

を，特定の言動に囚われることなく多角的に推測している学生ほど，学びを発展させていることが確認された。以上を踏まえ，学習のポイントのひとつとして，言動の理由を多角的に推測することを追加しておきたい。

② **自分自身を知る**――他者とのやりとりのなかで促進される
(1) 自身の実感を意識化する

さらに，学生が自身の思い・価値観・課題・至らなさなど，自身の実感を意識化している程度にも個人差が見られた。そして，自身の実感を十分に意識化している学生ほど，自己理解を深め，学びを発展させていることが確認された。以上を踏まえ，学習のポイントのひとつとして，自身の実感を意識化することを挙げておく。

また，こうした自身の実感の意識化は，教師やボランティアなどの他者とのやりとりのなかで促進される。そして，他者とのやりとりが活発な学生ほど，他者とのやりとりを通して自身の実感を再確認する機会も多く，結果的によりスムーズに自己理解を深めていることが確認された。ゆえに，自身の実感の意識化に際しては，他者との関わりが重要な機能を有しているものと考えられるだろう。

(2) 自身の傾向を相対化して理解する

また，学生が自身の傾向を相対化して理解する視点を獲得できるか否かという点にも，個人差が生じる。そして，自身を相対化して理解する視点を獲得した学生は，自身の実践を振り返る際の視点をさらに多様化させ，ボランティアの体験プロセスにおいて最も発展的な段階である「俯瞰的ポジション」へと移行することが確認された。以上を踏まえ，学習のポイントのひとつとして，自身の傾向を相対化して理解することを追加しておきたい。

また，こうした自身の相対化は，教師やボランティアなど他者への理解を前提とする。既述の通り，学生はボランティア経験を通して，他者の位置づけを，手がかりを得る対象者や互いに学び合う対象者から，理解を深

める対象者へと変化させる。そして，このように他者の位置づけを変化させている様子が確認された学生のみ，自身を相対化する視点を獲得していた。これは，自身を相対化する視点が，他者との比較を通して獲得されることを示す結果と理解できる。ゆえに，自身を相対化して理解する視点を獲得するにあたっては，まずは十分に他者理解を深めることが重要と言えるだろう。

③ より良い関わり方を考える
(1) 自身の実践を振り返り考える
　調査研究の結果，自身の実践の振り返りを通して有用な関わり方を吟味しているか否か，という点にも個人差が見られた。そして，自身の実践の振り返りを通してより良い関わり方を考えている学生のみ，学習をスムーズに発展させていることが確認された。以上を踏まえ，学習のポイントのひとつとして，自身の実践（上手くいった関わり・上手くいかなかった関わり）の振り返りを通して，より良い関わり方を考えることを挙げておく。

(2) 他者から得られる情報を手がかりに考える
　また，情報共有や実践の観察など，他者から直接的・間接的に得られる情報を手がかりとして有用な関わり方を吟味する程度にも，個人差が見られた。そして，教師・ボランティアなどその場に関わるさまざまな他者からより多くの手がかりを得ている学生ほど，学習をスムーズに発展させていることが確認された。とりわけ，優れた実践を行っているという確証のないボランティア仲間の実践を，自身の実践の手がかりとして活用するか否かという点には大きな違いが見られ，ボランティア仲間からも積極的に手がかりを得ている学生ほど，学びを発展させていた。以上を踏まえると，さまざまな他者とのやりとりから積極的に手がかりを得て，少しでも意味のある関わり方を追求しようとする姿勢をもつことが，学習のポイントのひとつであると言えるだろう。

3. 現場選び

　上述の通り，本段階で求められる学習のポイントは，「観察する」「省察する」「情報を活用する」というシンプルな行為の1つひとつに丁寧に取り組むことである。そして，そうした行為を通して具体的に学習すべき内容としても，支援対象者を知る，自分自身を知る，より良い関わり方を考える，というシンプルな3点が挙げられた。言い換えると，どのような現場であっても，下記に示す条件が揃っていれば，"学び方"次第で意味のある学習が可能になると考えられる。この段階の学生には，積極的に現場に足を運ぶことをお勧めしたい。

- 関心がある現場（継続的に積極的に参与できる現場）
- 支援対象者と直接関わる機会がある現場
- 他の支援者が支援対象者と関わる様子を観察する機会がある現場
- 支援対象者の様子や有用な関わり方について，他の支援者とやりとりする機会がある現場

　ただし，十分な心理臨床の専門性をもたない学生が，教育・訓練の環境が整わないなかでボランティア活動に取り組むことは，守秘義務の問題や受け入れ側の負担増など，学生側・受け入れ側双方にとってさまざまな危険性や弊害を伴うことが指摘されている（黒沢・日高，2009）。ゆえに，活動に取り組むにあたっては，次の3点に留意しておくことが重要であろう。

- 何かあった場合に責任が取れる立場にないことを自覚し，報告・連絡・相談を怠らないこと。
- 必要時にはすぐに指導を仰げる環境を整えておくこと。
- 職場に参与しているという意識をもち，社会人に求められる最低限のルールやマナーは学生であっても身につけておくこと。

＊

　以上，第1ステージにおける学習のポイント・学習内容・現場選びについて述べた。これらはいずれも，専門的な教育・訓練を始める前の土台作りのための基礎的なポイントとして理解できるだろう。
　次章では，専門的な教育・訓練を受けながら学習を進める初学者を対象に，その変化のプロセスと個人差，学習のポイントについて検討する。

第4章
成長過程の第 2 ステージ
大学院教育・訓練と「主体的トライアル・アンド・エラー」

　第3章では，大学生のボランティア体験を通して，学生が子どもと自身の関わりを振り返り記述する際の立ち位置（ポジション）が段階的に変容すること，それに伴って実践を振り返る際の視点が多様化することを実証的に示した。そして，専門的な教育・訓練を始める前の土台作りの段階，成長過程の第 1 ステージにおける基礎的な学習のポイントを具体的に提示した。

　では，臨床心理士指定大学院における教育・訓練は，学生にどのような体験をもたらすのだろうか。そして，その体験はどのようなプロセスをたどって変化していくのだろうか。さらに，その変化のプロセスに個人差はあるのだろうか。本章では，臨床心理士指定大学院における教育・訓練がもたらす変化のプロセスと個人差に着目して，その仕組みを明らかにしていく。

　はじめに臨床心理士指定大学院修了後 3 カ月以内の初学者を対象とした調査研究を報告し，変化のプロセスとその個人差を具体的に素描していきたい。さらに，この調査研究の結果を分析しながら，心理援助職の成長過程の第 2 ステージ「主体的トライアル・アンド・エラー」における学習のポイントについて，考えていくことにする。

1 −調査研究の概要

1．目的

　本研究では，臨床心理士指定大学院修了後3カ月以内の初学者について，①体験の全体像をボトムアップ的に捉えること，②体験の変化をプロセスとして整理すること，③体験の個人差について理解を深めること，を目的とした。

2．方法

① 分析データ

　本研究では半構造化面接法を採用し，臨床心理士指定大学院を修了した19名の初学者から面接を通して得られた語りを逐語録化したものをデータとした。面接はX年4〜6月に実施し，面接時間は1人あたり1〜1.5時間程度であった。

② 調査協力者と属性

　臨床心理士指定大学院は，第1種指定大学院，第2種指定大学院，および専門職大学院に大別され，それぞれ教員組織，カリキュラム，臨床心理実習施設などが大きく異なっている。このうち，第1種指定大学院が圧倒的に高い割合を占めることから，本研究では，第1種指定大学院の修了生に限定して調査を実施した。具体的には，X年3月の第1種指定大学院修了者を対象に，修了後3カ月以内（X年4〜6月）に期間を限定して調査への協力を依頼し，承諾が得られた19名を調査協力者とした。

　調査協力者の内訳は，17名が20代，2名が30代であった。協力を依頼する際には，精神分析，クライエント中心療法，認知行動療法，家族療法，ブリーフセラピー，統合的心理療法など，多様なオリエンテーションの指

導者の下で学んだ初学者を偏りなく対象とできるよう，配慮を行った。そして，類似した教育環境下の初学者間の比較，および，異なる教育環境下の初学者間の比較がともに可能となるよう，大学院ごとに異なる比率で募集した。ただし，大学院の特定，同一大学院修了者による個人の特定を避けるため，調査協力者の属性に関しては，大学院および個人が特定されない程度の記述に留める（表 4-1）。

③ 調査項目

面接前に記入してもらうフェイスシートには，①大学院 2 年間で経験した実習先と実習内容，②大学院 2 年間で担当したケースの概要，③大学院 2 年間で参加したケースカンファレンス（以下，カンファと略記）の形式，という 3 項目を設定した。

面接では，大学院在籍時の学外実習・ケース担当・スーパーヴィジョン（以下，SV と略記）・カンファ・その他（ボランティア・仕事などの経験，講義・書籍などの知識）の各項目において「学んだと感じること・難しいと感じたこと・自分のなかで変化したこと」について，印象に残っている順に，具体的なエピソードを交えて語っていただいた。そして最後に，「改めて，大学院での専門的な教育・訓練期間の体験の全体を振り返り，学んだと感じること・難しいと感じたこと・自分のなかで変化したこと」「臨床心理学的援助に対する現在の興味・関心」「今後の目標」について尋ねた。

④ 分析方法

本研究では，木下（2007）の修正版グラウンデッド・セオリー・アプローチ（以下，M-GTA と略記）を援用して分析した。分析は，類似した教育環境下の初学者間の比較を目的に A 大学院修了者から着手し，カテゴリと概念を生成した。そして，その他の大学院修了者から得られたデータを，A 大学院修了者から得られたデータと比較しながら順次分析に加え，新たなカテゴリ・概念の生成の有無について確認することで，異なる教育環境下の初学者間の比較を行った。

表 4-1 調査協力者一覧

調査協力者(I)	大学院	性別	実習領域	医療						教育		福祉	指導形態		その他の学習機会(自主的に参加)		グループ
				予診+陪席	デイケア	心理検査	療育	集団療法	復職支援	SC補助	適応指導教室	高齢者ケア	個人SV	GSV	大学院外の実習	大学院外の勉強会	
1	A	男	医療	○	○	○	○						○				I
2	A	男	医療	○	○	○	○						○				III
3	A	男	医療	○	○	○	○						○				II
4	A	女	医療	○	○	○	○	○					○			○	II
5	A	女	医療	○	○	○	○						○			○	III
6	A	女	医療	○	○	○							○			○	II
7	A	女	医療	○	○	○	○						○			○	III
8	A	女	医療	○	○	○							○		○(産業)	○	IV
9	A	女	医療・教育	○	○	○				○							III
10	A	女	医療・教育	○	○	○				○							III
11	A	女	医療	○			○								○(教育)		IV
12	B	男	医療	○										○			I
13	B	女	医療・教育	○	○	○	○	○						○			IV
14	B	女	医療・教育	○					○	○				○			I
15	C	女	医療・教育	○						○			○				II
16	C	女	医療		○	○							○				IV
17	D	女	医療		○	○						○				○	III
18	E	男	医療・教育								○		○				I
19	F	男	医療・教育・福祉	○													II

※個人SVは個人スーパーヴィジョン、GSVはグループスーパーヴィジョン（ケースカンファレンスは除く）を意味するグループとは、本研究の分析の結果、各調査協力者が分類されたグループを示す。

106　心理援助職の成長過程

その後，M-GTAによって得られたカテゴリと概念を，ケース・マトリックス（岩壁，2010）を参考に整理することで，調査協力者1人ひとりからどのようなデータが出ているのかを見渡せる表（表4-1）を作成した。

　最終的に，臨床心理士指定大学院修了後3カ月以内の初学者について，①体験の全体像をボトムアップ的に捉えること，②体験の変化をプロセスとして整理すること，③体験の個人差について理解を深めること，という3つの目的に即した仮説と，それを視覚的に表現するモデルを生成した。

3．結果

① 生成されたカテゴリ・概念

　分析の結果，臨床心理士指定大学院修了後3カ月以内の「初学者の学習プロセス」は，「知識や助言に依拠する学び」と「自身の感覚や判断に依拠する学び」を両輪として，行きつ戻りつしながら進行することが明らかとなった。

　以下，「初学者の学習プロセス」「知識や助言に依拠する学び」「自身の感覚や判断に依拠する学び」について，それぞれに分類されたカテゴリ・概念とその定義を示す（表4-2，4-3，4-4）。なお，以下の本文中では，カテゴリを【　　】，概念を〈　　〉で示す。

　表4-2は，「初学者の学習プロセス」として得られたカテゴリと概念であり，本研究結果の中核をなすものである。ここには，【捉えどころのわからなさ】【「専門家として未熟な自分」の感覚や判断の信頼できなさ】【「現時点での自分」の感覚や判断の信頼と活用】【個々の気づきや学びの「つなぎの視点」の獲得】，という4つのカテゴリが分類された。

　表4-3は，「知識や助言に依拠する学び」として得られたカテゴリと概念である。ここには，【知識や助言を得る】【知識や助言の実践への適用の難しさ】【自身の癖や至らなさの自覚と修正の試み】【知識や助言に裏づけられた学びの実感】【知識や助言の客観視と選択的吸収】【学習対象の選択と限定】，という6つのカテゴリが分類された。

表 4-2 初学者の学習プロセスのカテゴリと概念

	カテゴリ	概念	定義
初学者の学習プロセス	1：捉えどころのわからなさ		何をどのように学べばよいのかがわからず混沌としている状態
	2：「専門家として未熟な自分」の感覚や判断の信頼できなさ	①経験不足による信頼できなさ	経験不足により自身の感覚や判断を信頼できないこと
		②知識や助言の絶対視による信頼できなさ	専門知識や他者の助言を絶対視し，自身の感覚や判断を過小評価すること
		③他者からの否定的フィードバックによる信頼できなさ	他者からの否定的なフィードバックにより，自身の感覚や判断を信頼できなくなること
		④技量豊かな他職種専門家の実践の目撃に伴う「専門性」の混乱	技量豊かな他職種専門家の実践を目の当たりにして，「臨床心理士」という職業の有する専門性や独自性がかえって分からなくなり混乱すること
	3：「現時点での自分」の感覚や判断の信頼と活用	⑤他者からの肯定的フィードバックによる信頼	他者からの肯定的なフィードバックにより，自身の感覚や判断を信頼し活用すること
		⑥自身の変化の実感を根拠とする信頼	自分自身の変化の実感を根拠として，自身の感覚や判断を信頼し活用すること
		⑦自分は自分として会うしかないと覚悟する	専門家としての未熟さを自覚したうえで，「自分は自分として会うしかない」と覚悟すること
	4：個々の気づきや学びの「つなぎの視点」の獲得	⑧CLと自分自身の相互作用への気づき	CLと自身の一連の相互作用のなかで，反応に応じて関わり方を調整する視点を得ること
		⑨面接室のCLと日常のCLのつながりへの気づき	CLの言動を，面接室内のやりとりだけではなく，日常生活上のさまざまな出来事や変化との関連も含めて理解する視点を得ること
		⑩自身の位置づけや役割を俯瞰的に捉える視点への気づき	自身が提供している心理援助が，CLのどのような側面をどのような形で支える役割を担っているのか，一対一の関係性に囚われすぎず一歩引いて理解する視点を得ること

表 4-3 知識や助言に依拠する学びのカテゴリと概念

	カテゴリ	概念	定義
知識や助言に依拠する学び	5：知識や助言を得る		様々な知識や助言を得ることで学習すること
	6：知識や助言の実践への適用の難しさ	⑪既存の理論や知識の適用の難しさ	既存の理論や知識を実践に適用することの難しさを実感すること
		⑫他者の実践や助言の適用の難しさ	様々な場面で直接的・間接的に触れた他者の実践や助言を，自身の実践に適用する難しさを実感すること
		⑬知識や助言の食い違いに伴う混乱	様々な場面で獲得する知識や助言の食い違いを，上手く咀嚼できず混乱すること
		⑭知識や助言そのものに対する疑問や咀嚼できなさ	知識や助言そのものに対する疑問や咀嚼できなさから，自身の実践にそのまま適用することに違和感を抱くこと
	7：自身の癖や至らなさの自覚と修正の試み	⑮CLよりも自身の思いが先行した関わりの自覚と修正	不安，緊張，気負い，価値観など，自身の思いが先行し，CLの思いに十分に目が向けられていなかったことを自覚し修正を試みること
		⑯着目しがちな情報の偏りの自覚と修正	自身が着目しがちな情報，あるいは，見落としがちな情報を具体的に把握し，より多角的に情報収集ができるよう意識すること
		⑰特定の理解や感情への囚われの自覚と修正	CLに対する理解が一面的なままに固定化されたり，CLに対して特定の感情に囚われた状態になっていることを自覚し修正を試みること
		⑱自身の気づきを抑制しがちな傾向の自覚と修正	面接場面で自身の感情や気づきを抑制してしまう傾向を自覚し修正を試みること
	8：知識や助言に裏づけられた学びの実感	⑲既存の理論や知識の適用に伴う学びの実感	既存の理論や知識を自身の実践に活かすことに自分なりの手応えを得ること
		⑳他者の実践や助言の適用に伴う学びの実感	様々な場面で直接的・間接的に触れた他者の実践や助言を自身の実践に活かすことに自分なりの手応えを得ること
	9：知識や助言の客観視と選択的吸収	㉑既存の知識や理論を状況やタイミングを見極め適用する	既存の理論や知識を，状況やタイミングを見極めてから自身の実践に適用することの重要性を実感すること
		㉒他者の実践や助言を自分なりに吟味・選択して吸収する	他者の実践や助言が，自身の実践に上手く適用できそうなものかどうかを，自分なりに吟味したうえで選択的に吸収すること
	10：学習対象の選択と限定		指導者の方針，あるいは，自身の志向性として，学習対象とする理論や領域を選択し，限定すること

表 4-4　自身の感覚や判断に依拠する学びのカテゴリと概念

	カテゴリ	概念	定義
自身の感覚や判断に依拠する学び	11：自分で感じ考える		それまでに身に付けたスタイルとして、あるいは、指導者の方向づけによって、現場に関与しながら自分で感じ考え学習すること
	12：問題の多面性・多層性への気づき	㉓CLの言動の変化への気づき	CLの言動の小さな変化に気づくことにより、CLに対する理解が一面的なものではなくなること
		㉔CLの言動の矛盾やギャップへの気づき	CLの言動の矛盾やギャップに気づくことにより、CLに対する理解が一面的なものではなくなること
		㉕CLの本来もつ力への気づき	CLの本来持つ力に気づくことにより、CLに対する理解が一面的なものではなくなること
		㉖表向きの主訴と問題の本質のギャップへの気づき	表向きの主訴と問題の本質のギャップに気づくことにより、CLに対する理解が一面的なものではなくなること
		㉗関係者間の理解やニーズのギャップへの気づき	関係者間の理解やニーズにギャップがあることに気づくことで、問題が多面的に見えてくること
	13：個々の気づきと全体像のつながらなさ		様々な小さな気づきを得たような実感がある一方で、その全体像がつながりのあるものとして捉えられず混乱すること
	14：他者に試行錯誤が支えられる感覚		自身が迷ったり戸惑ったりしながら試行錯誤しつつ考えるプロセスが他者に支えられているという感覚を得ること
	15：記録の省察による実践の客観視と自己評価		実践記録、カンファやSVの資料、事例論文などの記録を繰り返し省察し、自身の実践を客観的に自己評価する体験
	16：複雑な事情に即した関わりとバランスの模索	㉘共感と指示的関わりのバランスの模索	CLの問題に対して、共感することと、指示的に関わることのバランスを模索すること
		㉙関わりのさじ加減やタイミングの模索	CLの個性や置かれている状況に応じて、関わりのさじ加減やタイミングを模索すること

表4-4は,「自身の感覚や判断に依拠する学び」として得られたカテゴリと概念である。ここには,【自分で感じ考える】【問題の多面性・多層性への気づき】【個々の気づきと全体像のつながらなさ】【他者に試行錯誤が支えられる感覚】【記録の省察による実践の客観視と自己評価】【複雑な事情に即した関わりとバランスの模索】,という6つのカテゴリが分類された。

② ケース・マトリックスによる調査協力者のグループ化

続いて,ケース・マトリックスを用いた調査協力者のグループ化の結果を表4-5に示す。

表4-5に示した通り,本研究では,調査協力者によって生成されたカテゴリ・概念が異なっており,初学者の体験には個人差が存在することが確認された。生成されたカテゴリ・概念の特徴から,本研究では調査協力者を4つのグループに分類した。以下,その分類基準について説明する。

既述の通り,「初学者の学習プロセス」は,「知識や助言に依拠する学び」と,「自身の感覚や判断に依拠する学び」を両輪として,行きつ戻りつしながら進行する。本研究では,その進行状況を基準に,調査協力者を4つのグループに分類した。具体的には,【捉えどころのわからなさ】と【「専門家として未熟な自分」の感覚や判断の信頼できなさ】という2つの段階の間で揺れ動く初学者をグループⅠ・Ⅱに分類した。そして,そうした揺れ動きを体験しつつも,【「現時点での自分」の感覚や判断の信頼と活用】の段階へと移行した初学者をグループⅢ,さらに,【個々の気づきや学びの「つなぎの視点」の獲得】の段階へと移行した初学者をグループⅣに分類した(図4-1)。

グループⅠ・Ⅱの違いは,「知識や助言に依拠する学び」に特化した学習を進めるか,あるいは,「知識や助言に依拠する学び」と「自身の感覚や判断に依拠する学び」を両輪とした学習を進めるか,という点にある。上述の通り,「初学者の学習プロセス」は,基本的には,「知識や助言に依拠する学び」と「自身の感覚や判断に依拠する学び」を両輪とする。しかし分析の結果,一部の初学者は,「知識や助言に依拠する学び」に特化した

表 4-5 ケース・マトリックスによる調査協力者のグループ化

No カテゴリ名／概念名	1	12	14	18	3	4	6	15	19	2	5	7	9	10	17	8	11	13	16
初学者の学習プロセス																			
1：捉えどころのわからなさ	●	●	●	●	●	●	●	●	●	●	●	●	●	●	●	●	●	●	●
2：「専門家として未熟な自分」の感覚や判断の信頼のできなさ	●	●	●	●	●	●	●	●	●	●	●	●	●	●	●	●	●	●	●
①経験不足による自分の信頼のできなさ	●	●	●	●	●	●	●	●	●	●	●	●	●	●	●	●	●	●	●
②知識や助言の絶対視による信頼のできなさ	○	●	○	○	●	○	●	●	●	●	●	●	●	●	●	○	○	○	○
③他者からの否定的フィードバックによる信頼のできなさ					●	●				●	●					●	●	●	●
④技量豊かな他職種専門家の実践の目撃に伴う「専門性」の混乱	○					●													
3：「現時点での自分」の感覚や判断の信頼と活用																			
⑤他者からの肯定的フィードバックによる信頼					●	●				●	●	●				●	●	●	●
⑥自身の変化の実感を根拠とする信頼																●	○	○	●
⑦自分は自分としてしかないと覚悟する																●	○	○	●
4：偶々の気づきや学びの「つながり」の視点の獲得																			
⑧CLと自分自身の相互作用への気づき	●	●	●	●	●	●	●	●	●	●	●	●				●	●	●	●
⑨面接室のCLと日常のCLのつながりへの気づき	●	●	●	●	●	●	●	●	●	●	●	●	●	●	●	●	○	●	●
⑩自身の位置づけや役割を俯瞰的に捉える視点への気づき	○	○	○	○	●	○	○	○	○	●	●	●	●	●	●	○	○	○	○
知識や助言に依拠する学び																			
5：知識や助言を得る	●	●	●	●	●	●	●	●	●	●	●	●	●	●	●	●	●	●	●
6：知識や助言の実践への適用	●	●	●	●	●	●	●	●	●	●	●	●	●	●	●	●	●	●	●
⑪既存の理論や知識の適用の難しさ	○	○	○	○	●	○	●	●	●	●	●	●	●	●	●	○	○	○	○
⑫他者の実践や助言の適用の難しさ	●	●	●	●	●	●	●	●	●	●	●	●	●	●	●	●	●	●	●
⑬知識や助言の食い違いに伴う混乱	○	○	○	○												○	○	○	○
⑭知識や助言そのものに対する疑問や明晰できなさ	○			○															
7：自身の偏らなさの自覚と修正の試み																			
⑮CLよりも自身の思いが先行した関わりの自覚と修正	●	●	●	●	●	●	●	●	●	●	●	●	●	●	●	●	●	●	●
⑯着目しがちな情報の偏りの自覚と修正	○	●	●	●	●	●	●	●	●	●	●	●	●	●	●	○	○	○	○
⑰特定の理解や感情への囚われの自覚と修正					●	○				●	●					●	●	●	●

表4-5 ケース・マトリックスによる調査協力者のグループ化（つづき）

		グループI	グループII	グループIII	グループIV
知識や助言に依拠する学び	⑱自身の気づきを抑制しながらの傾向の自覚と修正	○ ● ● ●			● ● ● ●
	8：知識や助言に裏づけられての学びの実感	● ○ ● ●		● ● ● ● ● ● ●	● ● ○ ●
	⑲既存の理論や知識の適用に伴う学びの実感	○ ● ○ ○		● ● ● ● ● ● ●	● ● ● ○
	⑳他者の実践や助言の適用に伴う学びの実感	● ● ● ●		● ● ● ○ ● ● ●	● ○ ● ●
	9：知識や助言の客観視と選択的吸収				
	㉑既存の知識や理論を状況やタイミングを見極め適用する			● ● ● ● ●	● ● ● ●
	㉒他者の実践や助言を自分なりに吟味・選択して吸収する	●	● ●	● ● ● ● ● ●	● ● ● ●
感覚や判断に依拠する学び	10：学習対象の選択と限定	●	●		
	11：自分で感じ考える		● ● ●	● ●	● ●
	12：問題の多面性・多層性への気づき		● ● ●	● ● ●	● ●
	㉓CLの言動の変化への気づき		●	● ● ● ●	● ●
	㉔CLの言動の矛盾やギャップへの気づき		●	● ●	● ● ● ●
	㉕CLの本来持つ力への気づき		○	● ○	●
	㉖表向きの主訴と問題の本質のギャップへの気づき			● ●	●
	㉗関係者間の理解やニーズのギャップへの気づき		●	●	● ● ●
	13：個々の気づきと全体像のつながりなど			● ● ● ●	● ● ● ●
	14：他者に試行錯誤が支えられる感覚			● ● ● ●	● ● ● ●
	15：記録の省察による実践の客観視と自己評価			● ○ ● ●	● ● ● ○
	16：複雑な事情に即した実践の関わりとバランスの模索			● ●	● ● ● ●
	㉘共感と指示的関わりのバランスの模索				● ● ●
	㉙関わりのさじ加減やタイミングの模索			●	● ● ●

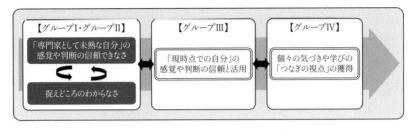

図4-1　初学者の学習プロセスとグループ分け

学習を進めることが示唆されたことから，グループⅠ・Ⅱとして区別した。
　以上，調査協力者のグループ化に際する分類基準について述べた。これらのグループ化は，調査協力者の語りから生成されたカテゴリと概念をもとに行ったものであり，必ずしも他者からの評価と一致するとは限らない。しかし，これまでさまざまな発達的モデルにおいて，一律に「何をどうしたら良いかがわからず，自信もなく，不安の非常に高い段階」（金沢，1998）と位置づけられてきた初学者の体験の個人差を，グループ化によって具体的に示すことは，初学者の発達の在り様をより細やかに捉えるうえで意味があるだろう。
　なお，グループ化の結果，調査協力者が修了した大学院，指導者のオリエンテーション，実習領域・実習内容，指導形態などによる違いは確認されず，むしろ，ほぼ同一の教育・訓練環境下で学習した初学者間であっても異なるグループに分類されることが確認された。一方，異なる教育・訓練環境下で学習した初学者間であっても，たどるプロセスは4つのグループに分類できる程度に類似していることも確認された（表4-1，4-5）。このことは，本研究で得られた4つのグループの違いが，大学院や指導者のオリエンテーション，実習領域・実習内容，指導形態の違いに付随するものではなく，初学者の"学び方"の個人差を反映することを示唆するものと考えられた。
　以上を踏まえ，次項では，グループごとに生成されたカテゴリの内容とその関連について検討し，初学者の"学び方"の個人差を，グループ別に

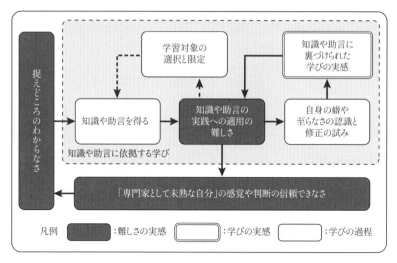

図4-2　グループIの初学者の学習プロセス

学習プロセスとして整理する。

③ グループ別の初学者の学習プロセス

(1) グループIの初学者の学習プロセス

グループIの「初学者の学習プロセス」をモデル化したものを図4-2に示す。

グループIで確認されたカテゴリは，【捉えどころのわからなさ】【「専門家として未熟な自分」の感覚や判断の信頼できなさ】【知識や助言を得る】【知識や助言の実践への適用の難しさ】【自身の癖や至らなさの自覚と修正の試み】【知識や助言に裏づけられた学びの実感】【学習対象の選択と限定】，という7つである（表4-5参照）。以下，これらのカテゴリの関連づけについて説明する。

既述の通り，グループIの初学者は，「知識や助言に依拠する学び」に特化した学習を進めるメンバーである。初学者は，【捉えどころのわからなさ】を出発点に，【知識や助言を得る】ことで，「知識や助言に依拠する

学び」を進めようと試みる。しかし,【知識や助言の実践への適用の難しさ】に直面し,【「専門家として未熟な自分」の感覚や判断の信頼できなさ】の実感を強める結果,【捉えどころのわからなさ】へと揺れ戻る。こうした揺れ戻りを重ねるなか,【知識や助言の実践への適用の難しさ】に直面した際にも,【自身の癖や至らなさの自覚と修正の試み】を行うことで,【知識や助言に裏づけられた学びの実感】を獲得できるようになる。しかし,その後も,新たな場面や新たな対象者と関わりのなかでは,そのつど【知識や助言の実践への適用の難しさ】に直面し,【「専門家として未熟な自分」の感覚や判断の信頼できなさ】の実感を強め,【捉えどころのわからなさ】へと揺れ戻る。

　このように,試行錯誤を重ねながら学びを進めるものの,繰り返し【捉えどころの分からなさ】へと揺れ戻る点に,グループⅠの初学者がたどる経路の特徴があると言えるだろう。このとき,一部の初学者(I.12, 14, 18)は,【学習対象の選択と限定】により,特定の理論や知識を狭く濃く学ぶ経路を選択している。しかし,その場合にも,【知識や助言を得る】後にたどる経路に大きな違いはなく,繰り返し【捉えどころのわからなさ】へと揺れ戻る様子が確認された。

(2) グループⅡの初学者の学習プロセス
　続いて,グループⅡの「初学者の学習プロセス」をモデル化したものを図4-3に示す。
　グループⅡにて確認されたカテゴリは計10個であり,そのうち7個は,グループⅠにて確認されたカテゴリと重複する。残りの3個は,【自分で感じ考える】【問題の多面性・多層性への気づき】【個々の気づきと全体像のつながらなさ】であった(表4-5)。以下,これらのカテゴリの関連づけについて説明する。
　既述の通り,グループⅡの初学者は,「知識や助言に依拠する学び」と「自身の感覚や判断に依拠する学び」を両輪として学習を進めるメンバーである。「知識や助言に依拠する学び」としてたどる経路は,グループⅠの初

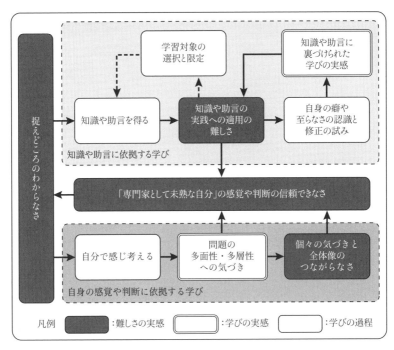

図 4-3　グループⅡの初学者の学習プロセス

学者がたどる経路と共通する。つまり，グループⅡの初学者からも，試行錯誤を重ねながら学びを進めるものの，繰り返し【「専門家として未熟な自分」の感覚や判断の信頼できなさ】を強く実感し，【捉えどころのわからなさ】へと揺れ戻る，という一連の循環的なプロセスをたどる様子が確認された。

　一方，グループⅡの初学者が，「自身の感覚や判断に依拠する学び」としてたどる経路においては，【自分で感じ考える】ことにより，【問題の多面性・多層性への気づき】を獲得している様子が確認された。ただし，そうした気づきよりも【「専門家として未熟な自分」の感覚や判断の信頼できなさ】が上回りやすい点にグループⅡの初学者の特徴が見られた。また，複数の気づきを得ることでかえって【個々の気づきと全体像のつながらな

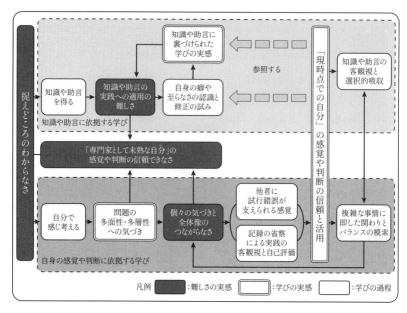

図 4-4　グループ III の初学者の学習プロセス

さ】に困惑し,【「専門家として未熟な自分」の感覚や判断の信頼できなさ】の実感を強める様子も確認された。結果的に,「自身の感覚や判断に依拠する学び」を進める場合にも,「知識や助言に依拠する学び」を進める場合と同様に,繰り返し【捉えどころのわからなさ】へと揺れ戻る点に,グループ II の初学者がたどる経路の特徴があると言えるだろう。

(3) グループ III の初学者の学習プロセス

次に,グループ III の「初学者の学習プロセス」を示す経路をモデル化したものを図 4-4 に示す。

グループ III にて確認されたカテゴリは計 14 個である。このうち,【学習対象の選択と限定】を除く 9 個のカテゴリは,グループ II にて確認されたカテゴリと重複する。残りの 5 個のカテゴリは,【「現時点での自分」の感覚や判断の信頼と活用】【知識や助言の客観視と選択的吸収】【他者

に試行錯誤が支えられる感覚】【記録の省察による実践の客観視と自己評価】【複雑な事情に即した関わりとバランスの模索】である（表4-5）。以下，これらのカテゴリの関連づけについて説明する。

　グループⅢの初学者がたどる経路は，【「現時点での自分」の感覚や判断の信頼と活用】の段階への移行前（1段階目），移行過程（2段階目），移行後（3段階目）という3つの段階に大別できる。

　1段階目は，【捉えどころのわからなさ】と【「専門家として未熟な自分」の感覚や判断の信頼できなさ】の間の揺れ動きを体験する段階である。この段階の経路は，グループⅡで示された経路とほぼ同一である。ただし，グループⅢにおいては，グループⅡで確認された【学習対象の選択と限定】というカテゴリは生成されていない。また，グループⅡでは2名の初学者（I.3, 15）においてのみ確認された【個々の気づきと全体像のつながりなさ】というカテゴリが，グループⅢにおいては全員に共通して確認された点にも違いが見られた（表4-5）。

　2段階目は，初学者が，1段階目の揺れ動きを脱し，【「現時点での自分」の感覚や判断の信頼と活用】へと移行する過程を示す。この段階におけるグループⅢの初学者は，1段階目へと繰り返し揺れ戻りながら，【他者に試行錯誤が支えられる感覚】と，【記録の省察による実践の客観視と自己評価】のいずれか，あるいは両方の体験を重ね，徐々に【「現時点での自分」の感覚や判断の信頼と活用】へと移行する。

　【他者に試行錯誤が支えられる感覚】とは，スーパーヴァイザーや実習先の指導者，先輩など，特定の他者との個別的で継続的なやりとりのなかで，実践を振り返り熟考を重ねる体験を示す。【記録の省察による実践の客観視と自己評価】とは，ケース記録や実習記録，SV資料，カンファ資料，事例論文など，さまざまな形で記録をまとめるなかで，実践を振り返り熟考を重ねる体験を示す。これらは，すべての初学者に共通する体験であると考えられるが，これを，学びの体験として語った初学者（グループⅢ・Ⅳ）のみが，【「現時点での自分」の感覚や判断の信頼と活用】へと学びを進めている点は，特筆すべきであろう。

3段階目は,【「現時点での自分」の感覚や判断の信頼と活用】への移行後の段階である。この段階におけるグループⅢの初学者は,それまでに得たさまざまな【知識や助言の客観視と選択的吸収】を行い,【問題の多面性・多層性への気づき】も踏まえて,【複雑な事情に即した関わりとバランスの模索】を行う。また,【自身の癖や至らなさの自覚と修正の試み】の経験を経てつかんだ自己点検の方法を活用しつつ,自分らしく主体的に実践に取り組むようになる。

　以上,グループⅢの初学者がたどる経路を,3つの段階に分けて提示した。3段階目までの移行が確認された場合にも,初学者は,さまざまなきっかけから繰り返し1段階目へと揺れ戻る。しかし,揺れ戻った後もまた,2段階目の【他者に試行錯誤が支えられる感覚】や【記録の省察による実践の客観視と自己評価】を経て,再び3段階目の【「現時点での自分」の感覚や判断の信頼と活用】へと立ち戻ることができるという点が,グループⅢの初学者の特徴であると言える。そして,グループⅢの初学者は,【捉えどころのわからなさ】と【「専門家として未熟な自分」の感覚や判断の信頼できなさ】の間で揺れ動く段階(1段階目)を脱し,2段階目,3段階目へと学びを進めているという意味で,グループⅠ・Ⅱの初学者よりも一歩先に学習を進めているメンバーであると言えるだろう。

(4) グループⅣの初学者の学習プロセス

　最後に,グループⅣの初学者の学習プロセスを示す経路をモデル化したものを図4-5に示す。

　グループⅣにて確認されたカテゴリは計15個である。このうち,14個のカテゴリは,グループⅢにて確認されたカテゴリと重複する。残りの1個のカテゴリは,【個々の気づきや学びの「つなぎの視点」の獲得】である(表4-5)。つまり,グループⅣの初学者は,グループⅢの初学者とほぼ同一の経路をたどりつつ,一歩先の段階である【個々の気づきや学びの「つなぎの視点」の獲得】まで学びを進めているメンバーであると言える。

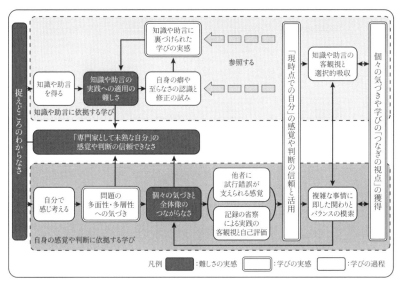

図 4-5　グループIVの初学者の学習プロセス

【個々の気づきや学びの「つなぎの視点」の獲得】とは，【個々の気づきと全体像のつながらなさ】というカテゴリに示されるように，それまでバラバラのものとして体験されていた気づきや学びが，〈CLと自分自身の相互作用への気づき〉〈面接室のCLと日常のCLのつながりへの気づき〉〈自身の位置づけや役割を俯瞰的に捉える視点への気づき〉，などを通して，徐々につながりのあるものとして捉えられるようになる様子を示す。以下，具体例を示す。

　　（あまり自分から意見を）言えない子だから，こっちが言ってみて，その反応を見て，考えてもいいのかな，みたいな風に今は思っていて。（I.11／〈CLと自分自身の相互作用への気づき〉）

　　たとえば1週間に1回の1時間でも，かなり短い時間なのに，なんでか，その子の……私が会ってる分にはすべてだったから，その場の

こととかばっかり考えてたんですけど，［…］でも実は，家庭がごたごたしてるとか，それがだんだん落ち着いてきたとか，やっぱそういうのに合わせて，その子の波も変化するっていうのは，ちゃんと日常生活とか，環境で……その子の文脈がどう変わってるかとかも見ないと，全然何がプレイ（セラピー）に出てきてるのかって，わかんなかったんだなとか思います。(I.16／〈面接室の CL と日常の CL のつながりへの気づき〉)

　プレイセラピーだったら，いつもと違う自分とかを出しても，日常生活に戻れば，いつもの自分に戻れるけど，家庭教師のなかでいつもと違う自分とか，出したくない自分を出したら，でもそれって，日常場面でそれを出しちゃったら，戻る……いつも通りの自分に戻れなくなっちゃうような怖さがあるなって。だから，（治療的家庭教師の立場で関わるときは）その，深い部分に触れなくても，日常のことが支えられればいいんだなっていう風に思いました。(I.16／〈自身の位置づけや役割を俯瞰的に捉える視点への気づき〉)

　こうした視点の獲得は，第 2 章にて心理援助職の発達の必須条件として示した複雑さへの気づき（awareness of complexity）（Skovholt & Rønnestad, 1992, 1995）や，「複雑さを捉えつないでいくこと」（村瀬, 1990）にもつながりうるものであろう。
　ただし，このカテゴリが確認されたのはグループ IV の 4 名のみであった。本研究では，初学者段階であってもこうした視点につながる芽が獲得されうると実証されたことの意義を重視し，このカテゴリをデータ数にかかわらず採用したが，今後の課題として，このカテゴリの発展可能性を検討することを挙げておく。

④ 初学者の学習プロセスの分岐点
　続いて，各グループの比較から，初学者の学習プロセスの分岐点につい

て，改めて整理する。

(1) 分岐点1——同時並行的な学習

　グループⅠの初学者と他のグループの初学者には，「知識や助言に依拠する学び」に特化した学習を進めるか，「知識や助言に依拠する学び」と「自身の感覚や判断に依拠する学び」を両輪として学習を進めるか，という点に分岐点がある。以下の語りには，グループⅠの初学者が，「自身の感覚や判断に依拠する学び」へと学習を進める段階で行き詰まる様子が示されている。

　　たぶん，自分で考えなさいっていう方針なんだと思います，うちの大学院が。「いろんなことを言ってるけど，最後にどういう方針とか，誰が言ったことを採用するとか，なんか，そういう最後の決定は自分でしないといけないんだから，自分でいろいろ考えなさい」っていうのを，混乱してるときに，ある先輩から言われて……。（それって……混乱しているときは余計に難しいですよね）難しいです。はい。カンファレンスで先生が言うことって，先生だから，すごいから，全部受け容れちゃってたんですけど，「その先生はその先生のやり方で見て言ってるわけで，でも実際にクライエントさんと向き合ってるのはあなたでしょ。全部鵜呑みにしなくていい」みたいなことを言われたんですけど。またそこが自分の欠点っていうか難しいなって思って。(I.14)

　こうした語りには，グループⅠの初学者が，「知識や助言に依拠する学び」に特化した学習を積極的に選択しているわけではなく，「自身の感覚や判断に依拠する学び」へと学習を進めることが難しいがゆえに，結果的に「知識や助言に依拠する学び」に特化した学習を選択せざるをえなくなっていることが示されていると言えるだろう。

　こうした行き詰まりを経て，グループⅠの初学者は，大学院修了後にも

「わからなさ」（I.1）や「さらなる混乱」（I.14）を継続的に体験している。以下，その例となる語りを示す。

　　理系的な「こうなってこうなる」っていう納得いく説明がないけど変わる，みたいなことがあるから難しいなって思ってます。説明が上手くつかないけど変わる，みたいなのが結構あって。そこがまだ自分では分かってない部分が多くて。そこがわかるようになるっていうのが自分にとっての課題かな，みたいな。［…］AをするとBになる，と思ってたものが，AをするとEになった，みたいな感じです。そのBCDの中身がわかんないけど，AとEが関係があるっていうことを目撃したっていうか。その間のBCDみたいなのが，何があるのか？みたいな。勉強しないといけないなってところですね。まだわかんないです。（I.1／「わからなさ」）

　　心理の専門家っていうのが，どういう……何を以て専門家なのかっていうのを，なんか，大学院の2年間ですごくわからなくて混乱してしまって。［…］（大学院の2年間で，余計にわからなくなった感じも？）そうですね。あります。実際にやってみたら全然……普通のやりとりをしているのと何が違うんだろうとか，何が自分はできるんだろうとか，なんか，できないことがいっぱいありすぎて，ちょっと無力感みたいなものを感じてしまったので，余計に混乱しているんだと思います。（I.14／「さらなる混乱」）

　グループIの初学者も，「知識や助言に依拠する学び」に関して，他のグループの初学者と同様の経路をたどっていることは既述の通りである。しかし，こうした「わからなさ」や「さらなる混乱」を示すグループIの初学者の語りには，「知識や助言に依拠する学び」に特化した学習の限界と，「知識や助言に依拠する学び」と「自身の感覚や判断に依拠する学び」を同時並行的に進めることの重要性が示されていると言えるだろう。

(2) 分岐点 2 ── さまざまな揺れ戻り

　2つ目の分岐点としては，さまざまな揺れ戻りが挙げられる。グループⅠ・グループⅡの初学者は，異なる学習プロセスをたどりつつも，結果的には繰り返し【捉えどころのわからなさ】へと揺れ戻るという点では共通している。また，グループⅢ・グループⅣの初学者も，初期の段階においては，繰り返し【捉えどころのわからなさ】へと揺れ戻る様子が確認された。【捉えどころのわからなさ】とは，表 4-2 に示した通り，「何をどのように学べばよいのかがわからず混沌としている状態」と定義されるカテゴリである。さまざまな揺れ戻りとは，初学者が，この【捉えどころのわからなさ】へと揺れ戻る際の経路が多様であることを意味する。

　具体的には，学習経路の違いと初学者の個人差によって，個々の初学者がたどりがちな揺れ戻りの経路は異なっている。学習経路の違いとは，「知識や助言に依拠する学び」を進める傾向が強いか，「自身の感覚や判断に依拠する学び」を進める傾向が強いか，という違いを意味する。これは，分岐点①でも説明した通りである。そして，初学者の個人差とは，個々の初学者が，【「専門家として未熟な自分」の感覚や判断の信頼できなさ】を実感しやすい場面や程度の違いを意味する。表 4-2 に示した通り，【「専門家として未熟な自分」の感覚や判断の信頼できなさ】は，〈経験不足による信頼できなさ〉〈知識や助言の絶対視による信頼できなさ〉〈他者からの否定的フィードバックによる信頼できなさ〉〈技量豊かな他職種専門家の実践の目撃に伴う「専門性」の混乱〉，という4つの概念から構成される。このうち，どの概念に示される体験をより強く実感しやすいかは，人によって異なる（表 4-5）。

　　（助言によって）「ああそういう視点が抜けてた」とか，「そういうことをもっと聞けばよかった」という発見とか，学びがある一方で，傷つきというのもありますね。［…］「何もできてないんだな」とか「何も学んでこなかったんだな」ってところに落としこんじゃうんですよね……。(I.7 ／〈知識や助言の絶対視による信頼できなさ〉)

たとえば，すごい厳しい先生がいて……子どもの心が全然わかってないって言われるような先生がいたら，また違っていたかもしれないんですけど。［…］全然いろんなスキルをもった先生たちだったので，臨床心理士ってなんだろうなって思ったりとか……だけど，この先生たちって臨床心理の勉強を特にしたわけじゃないしなとか……もし自分がベテランだったら，教師とは違うことが言えたりするのかな？とか……そういうなかでコメントできない自分に，無力感だな……と。
（I.19／〈技量豊かな他職種専門家の実践の目撃に伴う「専門性」の混乱〉）

2つの語りの例に示された通り，初学者の揺れ戻りは，有益な指導を受けられる環境に身を置くことで最小限に留められるというわけではなく，一部の初学者にとっては，有益な指導がかえって自信喪失の一因にもなる。つまり，初学者が学習を進めるうえでは，まずはこうしたさまざまな揺れ戻りの経路の存在を認識し，自身のたどる可能性のある経路に自覚的になることが重要と言えるだろう。

(3) 分岐点3――「現時点での自分」の信頼と活用

　グループI・IIの初学者と，グループIII・IVの初学者の学習プロセスの分岐点となるのは，【「現時点での自分」の感覚や判断の信頼と活用】の段階へと学びを進められるかどうか，である。このカテゴリへの移行に際して鍵となるのは，【他者に試行錯誤が支えられる感覚】と【記録の省察による実践の客観視と自己評価】のいずれか，あるいは両方を，学びの体験として実感できるかどうかである。そして，両カテゴリに示される体験は，すべての初学者に共通する体験であるにもかかわらず，これを学びの体験として実感できるかどうかにおいては違いが見られたことは，既述の通りである。以下，各カテゴリを学びの体験として実感できるための条件について，グループIII・IVの初学者の語りをもとに改めて検討する。

【他者に試行錯誤が支えられる感覚】は,「直接的に自身の揺らぎを支えてもらう体験」(I.17),「自分の意見を問われる体験」(I.13),「提示された言葉を時間をかけて咀嚼する体験」(I.9) などを通して,学びの体験として実感される。以下,その例となる語りを示す。

　　このケースのお母さんとかがすごい操作的で,こっちも一緒に疲れちゃう。私が子どもなら辛いなって。［…］でも自分のネガティブな感情とか,「こう思っていいのかな？」っていうので揺れてて……でもそれは素直な感覚で……そういうのをSVで支えてもらったりして……。(I.17／「直接的に自身の揺らぎを支えてもらう体験」)

　　(指導者に繰り返し自分の意見を問われる体験を通して) 考える力をつけていただいたなって思います。厳しかったですが (笑)。(I.13／「自分の意見を問われる体験」)

　　SVとかでのいろんな小さなやりとりが積み重なって,あぁこういうことなんだって。先生から言われてたもっと大きな抽象的なことと,クライエントさんの言葉が,「あぁこれか！」ってつながるときがあって。たとえば先生に「この人の自己主張が非常に弱いものだから」って言われてて……「あぁこれか！」って。(I.9／「提示された言葉を時間をかけて咀嚼する体験」)

　これらの語りの具体例からは,このカテゴリの背景に,「初学者が揺らぎすぎないよう支えつつ,主体的に考えられる余地を残した問いかけや手がかりの提示を行う他者」の存在を読み取ることができる。言い換えると,そのような他者との出会いが,初学者が【他者に試行錯誤が支えられる感覚】を,学びの体験として実感できるための条件と言えるだろう。
　一方,【記録の省察による実践の客観視と自己評価】は,記録を「見立てと対応を吟味する場」(I.7),「クライエントの言動の意味を再検討する

場」(I.5)、「自身のできていること・できていないことを振り返る場」(I.8)、「感じ考えたことを留めておく場」(I.16) などとして活用することを通して、学びの体験として実感される。以下、その例となる語りを示す。

いつもケース記録をつけてたりとか、あと SV を受けるたびに、見立てと対応とか頭をフル稼働して書くので、書いても、「本当にこれでいいのかな」とか、次のケースのときに、「前回どうだったかな」とか、「今回は何を聞いたほうがいいのかな」とか、そういう、ケースをやっていくうえでの順序みたいなのを一通りやっていくうちに、カンファとかでも流れみたいなのを想像しやすくなるというか。(I.7／「見立てと対応を吟味する場」)

それはたぶんその場その場ではまだそこまでパッとわからなくて。ケース記録を書いてるときのほうが（クライエントの言動の意味について）あーって思ったりするので。書いて、見ているので。(I.5／「クライエントの言動の意味を再検討する場」)

（カウンセリングを）全部録音して逐語に起こすというのをやっていて。何となく自分が何を言ってるのかなっていうのをずっと起こしてきて。「やっぱりもうちょっとこう言えばよかったかな」というような。初めはそんな振り返りもしたりとか、「自分がこういうこと言えてるんだな」っていうことを思ったりとか。たぶんそのなかで、反省するべき点とか、もうちょっとこうしたらいいんじゃないかっていう点もありつつ、ある程度できてるんだっていう点を自分で探して自信をつけたのかな？ (I.8／「自身のできていること・できていないことを振り返る場」)

毎日、必ず、実習の日記っていうか記録を、自分なりに勝手に書いていて。その 1 日過ごした表面的なこととか、必要な情報も書いてる

んですけど。それだけじゃなくて，一番下に枠を作って，そこに自分が考えたこととか……1個のエピソードでもいいんですけど，心に残ったこととかを必ず書いて，書くときにそれを，なぜかとか，そこから自分が何を感じたかとかは，必ず書き残してて。(I.16／「感じ考えたことを留めておく場」)

　これらの語りの具体例には，初学者たちが主体的に記録のまとめ方や振り返り方を工夫し，自身の学びへとつなげる様子が示されている。グループⅠ・Ⅱの初学者も，ケース記録や実習記録，SV資料，カンファ資料，事例論文などの作成は，グループⅢ・Ⅳの初学者と同等に課されている。つまり，【記録の省察による実践の客観視と自己評価】を学びの体験として実感できるかどうかは，こうした記録の作成・省察に主体的に工夫しながら取り組んでいるのか，あるいは，受動的・義務的に取り組んでいるのか，という点が鍵となるのではないだろうか。
　以上，他者に主体性を尊重される体験，あるいは，自身で主体的に記録の作成・省察に取り組む体験が，各カテゴリを学びの体験として実感できるための条件であり，【「現時点での自分」の感覚や判断の信頼と活用】の段階へと学びを進められるかどうかの分岐点であると言えるだろう。

(4) 分岐点4——学習対象の選択
　分岐点③と同様に，グループⅠ・Ⅱの初学者と，グループⅢ・Ⅳの初学者の学習プロセスの分岐点を示すものとして，学習対象の選択が挙げられる。学習対象の選択とは，初学者が「知識や助言に依拠する学び」を進めるに際して，学習対象とする知識や助言を選択する方法に個人差が存在することを意味する。
　具体的には，半数以上のグループⅠ・グループⅡの初学者からは，【学習対象の選択と限定】に該当する語りが得られたのに対し，グループⅢ・Ⅳの初学者からは，このカテゴリに該当する語りは一切得られなかった（表4-5）。このカテゴリは，「指導者の方針，あるいは，自身の志向性として，

学習対象とする理論や領域を選択し，限定すること」と定義されるカテゴリである（表 4-3）。

　　研究室では分析至上主義ではないけど，先生の臨床にみんなが乗っていく感じなので。［…］「認知が」なんて言えなくて，ケースを語るときも分析の言葉で語るみたいな感じ……っていう土台があったので。(I.15)

　　割とプレイ（セラピー）の本って分析チックじゃないですか。分析，アレルギーがあってダメなんですよ。ダメなんです，イライラするんですよ。読んでると。(I.3)

一方，グループⅢ・Ⅳの初学者全員から，【知識や助言の客観視と選択的吸収】に該当する語りが得られたのに対し，グループⅠ・Ⅱの初学者からは，このカテゴリに該当する語りは一切得られなかった（表 4-5）。このカテゴリは，〈既存の知識や理論を状況やタイミングを見極め適用する〉〈他者の実践や助言を自分なりに吟味・選択して吸収する〉という 2 つの概念から構成されるカテゴリである（表 4-3）。

　　相手が気づいたり，相手のことを考えて接するのが一番大事で，その上に CBT が乗っかっていれば，CBT もうまくいくだろうみたいなことを最近は思ってて。（最初は違ってた？）そうですね。最初はプログラム通りにやればなんとかなると思っていて。なんともならないんだな〜ってわかって（笑）。(I.11 ／〈既存の知識や理論を状況やタイミングを見極め適用する〉)

　　今は……鵜呑みに……鵜呑みって表現は悪いんですけど，丸ごと取り入れるわけではなくて，これはいいなとか，これは納得できるなって思ったものしか，取り入れられないかもしれないですね。なので，

混乱っていうのはあまりないかもしれない。あの人はこう言って，この人はこう言って……「もうどうしていいかわからない！」っていう風にはならないかもしれない。ただ，それはちょっと違うと思うんだけどなって思う（笑）。(I.13／〈他者の実践や助言を自分なりに吟味・選択して吸収する〉)

具体例からもわかる通り，【学習対象の選択と限定】とは，指導者の方針や自身の志向性に基づく学習対象の選択を意味するのに対し，【知識や助言の客観視と選択的吸収】とは，目の前の状況やタイミング，自身の納得に基づく学習対象の選択を意味する。そして，前者はグループⅠ・Ⅱの初学者に多く確認され，後者は，より学習を発展させているグループⅢ・Ⅳの初学者に多く確認された。以上を踏まえると，初学者にとっては，指導者の方針や自身の志向性にもとづき学習対象を選択するのではなく，目の前の状況やタイミング，自身の納得にもとづき学習対象を選択することが重要と言えるだろう。なお，後者の【知識や助言の客観視と選択的吸収】とは，初学者が，【「現時点での自分」の感覚や判断の信頼と活用】の段階まで学習を進めた後に生成されるカテゴリである。そう考えると，学習対象の選択に際して，まずは，【「現時点での自分」の感覚や判断の信頼と活用】の段階まで学習を進めることが必要と言えるだろう。

(5) 分岐点5――全体像の形成

また，【個々の気づきと全体像のつながらなさ】に困惑する体験も，グループⅠ・Ⅱの初学者とグループⅢ・Ⅳの初学者の学習プロセスの分岐点を示すカテゴリである。具体的には，グループⅢ・Ⅳの初学者全員にこのカテゴリに該当する記述が確認されたが，グループⅠ・Ⅱの初学者においては，2名（I.3, 15）のみしか確認されなかった（表4-5）。

このカテゴリは，初学者が自分で感じ考えることを実践し，数多くの【問題の多面性・多層性への気づき】を得た結果，体験されるカテゴリである。そして，その後，【個々の気づきや学びの「つなぎの視点」の獲得】へと

つながっていくカテゴリであると言えるだろう。

　何か小さな「これはこうできてよかったな」みたいなのはあるんですけど。じゃあそれがどう積み重なってその子にどう変化として現れてるかって言われたときに，上手くつながらないっていうのはあって。何かそれがたぶん迷い感とか上手くいかなさなんだと思います。(I.5／〈個々の気づきと全体像のつながらなさ〉)

　発言例にも示した通り，このカテゴリは，初学者にとっては，迷いや上手くいかなさとして体験されるカテゴリである。初学者が，学習プロセスの全体像を認識し，こうした体験も不可欠な通過点であると知ることは，繰り返される揺れ戻りを最小限に留め，自身の学びを【「現時点での自分」の感覚や判断の信頼と活用】の段階，さらには【個々の気づきや学びの「つなぎの視点」の獲得】の段階へと発展させていくうえで，有用なのではないだろうか。

＊

　以上，初学者の学習プロセスの分岐点として，5つの点を提示した。本研究で示された分岐点は，あくまで初学者の主観的な体験にもとづくものであり，他者からの評価と一致するとは限らない。しかし，初学者の主観的な体験に，大学院や指導者のオリエンテーション，実践領域・実習内容，指導形態の違いとしては説明できない分岐点が存在することを示した本研究の結果は，初学者の"学び方"によって，学習がスムーズに進められたり進められなかったりする現状を実証的に示したと言える。
　それでは，どのような"学び方"であれば，成長過程の第2ステージである専門的な教育・訓練課程において，より効果的に学ぶことができるのであろうか。また，そのポイントは，専門的な学習をはじめる前の第1ステージと比較して，どのように異なるのであろうか。次節では，調査研究から得られた知見，および，第3章との比較を通して，成長過程の第2ス

テージにおける学習のポイントを整理する。

2 －成長過程の第2ステージにおける学習のポイント
――専門的な学習を始めたら

1．第2ステージにおける学習のポイント

　調査研究の結果，初学者の学習プロセスと5つの分岐点が示された。5つの分岐点とは，①同時並行的な学習，②さまざまな揺れ戻り，③「現時点での自分」の信頼と活用，④学習対象の選択，⑤全体像の形成，である。そして，各分岐点の検討を通して，「知識や助言に依拠する学び」と「自身の感覚や判断に依拠する学び」を同時並行的に進めること（分岐点①），自身のたどる可能性のある揺れ戻りの経路に自覚的になること（分岐点②），「初学者が揺らぎすぎないよう支えつつ，主体的に考えられる余地を残した問いかけや手がかりの提示を行う他者」と出会うこと，もしくは，記録の作成・省察に主体的に工夫しながら取り組むこと（分岐点③），指導者の方針や自身の志向性にもとづき学習対象を選ぶのではなく，目の前の状況やタイミング，自身の納得にもとづき学習対象を選択すること（分岐点④），学習プロセスの全体像を認識すること（分岐点⑤），という5点の重要性が確認された。この知見を踏まえ，第2ステージにおける学習のポイントとして，「主体的な実践と省察」「専門知識の学習と活用」「学習プロセスの全体像と自己の位置の把握」という3点を提示したい。以下，それぞれについて具体的に説明する。

① 主体的な実践と省察

　1点目の主体的な実践と省察とは，「初学者が揺らぎすぎないよう支えつつ，主体的に考えられる余地を残した問いかけや手がかりの提示を行う他者」と出会うこと，もしくは，記録の作成・省察に主体的に工夫しながら取り組むことを通して，【「現時点での自分」の感覚や判断の信頼と活用】の段階へと学習を進めること（分岐点③）を指す。

このうち，後者の記録の作成・省察に主体的に工夫しながら取り組むことは，第3章で調査研究の対象とした大学生ボランティアの活動において，活動の前提とされていたものである。つまり，第1ステージで示した学習のポイントは，記録の作成・省察に主体的に工夫しながら取り組むことを通して，より効果的に学習を進めるためのポイントとして理解できる。同時に，第2ステージの初学者にとっても，学習の基盤となるポイントと言えるだろう。

　一方，第2ステージでは，「初学者が揺らぎすぎないよう支えつつ，主体的に考えられる余地を残した問いかけや手がかりの提示を行う他者」との出会いも，記録の作成・省察に主体的に工夫しながら取り組むことと同等の機能を有することが確認された。つまり，初学者が記録の作成・省察に行き詰まった際にも別ルートから学びを補うことが可能であることが確認された点が，第1ステージの学習とは異なる。ただし，残念ながら，本章の調査研究の結果からは，すべての初学者が学びを補うことを可能にしてくれる他者との出会いに恵まれているわけではないという現状も示された（表4-5）。こうした結果を踏まえると，初学者側も，与えられた教育・訓練環境のなかで受動的に学習するのではなく，自分に合う指導者や学習環境を主体的に求めることが重要と言えるだろう。

② 専門知識の学習と活用

　2点目の専門知識の学習と活用とは，指導者の方針や自身の志向性にもとづき学習対象を選択するのではなく，目の前の状況やタイミング，自身の納得にもとづき学習対象を選択すること（分岐点④）を指す。このポイントは，専門知識の獲得が求められないボランティア活動（第1ステージ）と，専門知識の学習が必須となる大学院の教育・訓練下の学習（第2ステージ）の違いを特徴づけるポイントと言えるだろう。

　専門知識の学習の利点としては，専門知識に裏打ちされる形で，自身の癖や至らなさを自覚し，修正を試みることが可能となることが挙げられる。調査研究の結果，第2ステージの初学者は，専門知識の獲得や，SVなど

他者からの指導・助言を通して，〈CL よりも自身の思いが先行した関わりの自覚と修正〉〈着目しがちな情報の偏りの自覚と修正〉〈特定の理解や感情への囚われの自覚と修正〉〈自身の気づきを抑制しがちな傾向の自覚と修正〉など，自身の癖や至らなさを自覚し，修正を試みていることが確認された（表4-3）。第 1 ステージの大学生たちも，自身の課題や至らなさを意識化し，修正を試みていることが確認されたが（表 3-7），あくまで"自己流"である点が，第 2 ステージの初学者とは異なっている。言い換えると，専門知識を学習することは，初学者の実践が自己流になることを予防し，より意味のある実践へと修正するうえで有用と言えるだろう。

　一方，自分で考える力が損なわれうるという意味で，専門的な教育・訓練の弊害を指摘する声が存在することもたしかである（たとえば，福永(2005)）。調査研究の結果，第 2 ステージにおける一部の初学者も，自分で感じ考えること自体に躓いている様子が確認された（グループ I）。また，自分で感じ考え，さまざまな気づきを得た場合にも，【「専門家として未熟な自分」の感覚や判断の信頼できなさ】が上回り，繰り返し【捉えどころのわからなさ】へと揺れ戻る初学者の存在も確認された（グループ II）。この結果は，専門知識の学習の弊害として理解できるだろう。

　こうした弊害を最小化するためには，上述の通り，指導者の方針や自身の志向性にもとづき学習対象の選択を行うのではなく，目の前の状況やタイミング，自身の納得にもとづき学習対象の選択を行うことが有用だと考えられる。そして，こうした学習対象の選択は，【「現時点での自分」の感覚や判断の信頼と活用】の段階まで学習を進めることが前提となることが確認された（分岐点④）。以上を踏まえると，第 2 ステージの初学者が「専門知識の学習と活用」を行う際しては，【「現時点での自分」の感覚や判断の信頼と活用】の段階へと学びを進めるためにも，安易に学習対象の選択を行わないように，少なくとも排他的に学習対象を限定しないように，注意しながら学習を進めることが求められると言えるだろう。

③ 学習プロセスの全体像と自己の位置の把握

3点目の学習プロセスの全体像と自己の位置の把握とは，自身のたどる可能性のある揺れ戻りの経路に自覚的になること（分岐点②），および，学習プロセスの全体像を認識すること（分岐点⑤）を指す。これらはともに，初学者が，【捉えどころのわからなさ】と【「専門家として未熟な自分」の感覚や判断の信頼できなさ】の間で揺れ動く段階を脱し，【「現時点での自分」の感覚や判断の信頼と活用】の段階，さらには【個々の気づきや学びの「つなぎの視点」の獲得】の段階へと学びを発展させていくうえで重要と考えられた。

既述の通り，分岐点②においては，一部の初学者にとっては有益な指導がかえって自信喪失の一因にもなることが確認され，分岐点⑤においては，初学者の学習プロセスにおいて不可欠な通過点となる体験が，初学者にとっては，迷いや上手くいかなさとして体験されることが確認された。このように，第2ステージの初学者は，有益な指導に自信を喪失したり，順調な学習に行き詰まりを感じたり，非常に揺らぎやすい存在と言える。こうした揺らぎやすさを最小化するためには，学習プロセスの全体像を把握し，その全体像における自己の位置をそのつど確認しながら学習を進めることが重要であろう。本章で示した調査研究の結果が，その参照枠のひとつとして有用なものとなれば幸いである。

2. 初学者に求められる主体的トライアル・アンド・エラー

以上，第2ステージにおける学習のポイントとして，「主体的な実践と省察」「専門知識の学習と活用」「学習プロセスの全体像と自己の位置の把握」という3点を提示した。改めて3つのポイントを振り返ると，第2ステージにおいて，【「現時点での自分」の感覚や判断の信頼と活用】の段階へと学びを進めることの重要性が確認されたと言えるだろう。

この【「現時点での自分」の感覚や判断の信頼と活用】とは，〈他者からの肯定的フィードバックによる信頼〉〈自身の変化の実感を根拠とする信

頼〉〈自分は自分として会うしかないと覚悟する〉という3つの概念から構成されるカテゴリである。

　　（他者と自分の意見がずれて戸惑った場面において）先生としては，そのケースとしてはそこがポイントというか，そのクライアントさんの特徴的なところだったようで，私のその引っかかりっていうのは，良かったというか，そこは引っかかるべきところだっていうようなことを仰ってくださったので，なので，これでいいんだって。（I.13／〈他者からの肯定的フィードバックによる信頼〉）

　　自分のもってる感性とか感覚も大事にしながら……見ていくっていうのが……すごい……学ばせてもらいました。自分の感性とか感覚にも，もっと自信をもって見ていく。それが物差しになるっていうことを。（I.17／〈自身の変化の実感を根拠とする信頼〉）

　　自分の発言に責任をもちたいって，さっき言ったと思うんですが。それとあわせて……"腹を据えて臨む"が近いのかな。[…] 私でいいのかなっていう気持ちも初めのほうはあって。「でもいいのか悪いのかなんてわかんないし！」って。そういう風に割り切れてきたというか。（Info.8／〈自分は自分として会うしかないと覚悟する〉）

　第2ステージの初学者にとっては，これらの語りの例にも示されるような実感を得られることが，学習の鍵となると言えるだろう。言い換えると，この【「現時点での自分」の感覚や判断の信頼と活用】の段階へと学びを進めることを目指して，「知識や助言に依拠する学び」と「自身の感覚や判断に依拠する学び」を同時並行的に進めること（分岐点①），そのために主体的トライアル・アンド・エラーを繰り返すことが，第2ステージの初学者に求められる学習と言えるだろう。
　次章では，実際に臨床心理士として臨床実務経験を積みながら学習を進

める初学者を対象に，その変化のプロセスと個人差，学習のポイントについて検討する。

第5章
成長過程の第3ステージ
臨床実務経験と「実践知の獲得」

　第4章では，臨床心理士指定大学院における専門的な教育・訓練を通して，「初学者の学習プロセス」は，「知識や助言に依拠する学び」と「自身の感覚や判断に依拠する学び」を両輪として行きつ戻りつしながら進行すること，そのプロセスには個人差があることを実証的に示した。そして，大学院教育・訓練の段階，成長過程の第2ステージにおける学習のポイントを具体的に提示した。

　では，臨床実務経験は，初学者にどのような体験をもたらすのだろうか。そして，その体験はどのようなプロセスをたどって変化していくのだろうか。さらに，その変化のプロセスに個人差はあるのだろうか。本章では，臨床実務経験がもたらす変化のプロセスと個人差に着目して，その仕組みを明らかにしていく。

　はじめに臨床心理士資格取得後5年未満の初学者を対象とした調査研究を報告し，変化のプロセスとその個人差を具体的に素描していきたい。さらに，この調査研究の結果を分析しながら，心理援助職の成長過程の第3ステージ「実践知の獲得」における学習のポイントについて，考えていくことにする。

1 - 調査研究の概要

1. 目的

　本研究では，臨床心理士資格取得後5年未満の初学者について，①体験の全体像をボトムアップ的に捉えること，②体験の変化をプロセスとして整理すること，③体験の個人差について理解を深めること，を目的とした。

2. 方法

① 分析データ

　本研究では，半構造化面接法を採用し，臨床心理士資格取得後5年未満の初学者16名から面接を通して得られた語りを逐語録化したものをデータとした。面接はX年4～8月に実施し，面接時間は1人あたり1～1.5時間程度であった。

② 調査協力者と属性

　本研究では，臨床心理士資格取得後5年未満の初学者のうち，研究への協力の承諾が得られた計16名を調査協力者とした。

　調査協力者の内訳は，16名のうち14名が20代，2名が30代であり，このうち臨床心理士資格取得後1・2年目が8名，3・4年目が8名であった。協力を依頼する際には，精神分析，クライエント中心療法，認知行動療法，家族療法，ブリーフセラピー，統合的心理療法など，多様なオリエンテーションの指導者の下で学んだ初学者を偏りなく対象とできるよう配慮した。そして，類似した教育環境下の初学者間の比較，および，異なる教育環境下の初学者間の比較がともに可能となるよう，出身大学院ごとに異なる比率で募集した。ただし，出身大学院の特定，同一大学院修了者による個人の特定を避けるため，調査協力者の属性に関しては，出身大学院および個

人が特定されない程度の記述に留める。なお，第4章の調査協力者19名と区別するため，本研究では，調査協力者に20〜35の通し番号を割り当てた。大学院を示すアルファベットは，第4章と共通である（表5-1）。

③ 調査項目

面接前に記入してもらうフェイスシートには，①主な実践領域と業務内容，②特に印象に残るケースの概要，③学びに役立った体験（大学院での講義や実習，スーパーヴィジョン（以下，SVと略記），ケースカンファレンス（以下，カンファと略記），研究，論文執筆など），という3項目を設定した。

面接では，実習・勤務・ケース担当・SV・カンファ・その他（ボランティア・仕事などの経験，講義・書籍などの知識）の各項目において「学んだと感じること・難しいと感じたこと・自分のなかで変化したこと」について，印象に残っている順に，具体的なエピソードを交えて語っていただいた。そして最後に，「改めて臨床心理士として働くなかで，学んだと感じること・難しいと感じたこと・自分のなかで変化したこと」「臨床心理学的援助に対する現在の興味・関心」「今後の目標」，について尋ねた。

④ 分析方法

本章は，第4章の研究の発展に位置することから，基本的な分析手続きは第4章と同一である。まずはじめに，木下（2007）の修正版グラウンデッド・セオリー・アプローチ（以下，M-GTAと略記）を援用し，第4章と比較してどのようなカテゴリや概念が新たに生成されるか，という点に注意を払いつつ分析を行った。その後，M-GTAによって得られたカテゴリと概念を，ケース・マトリックス（岩壁，2010）を参考に整理することで，調査協力者1人ひとりからどのようなデータが出ているのかを見渡すことのできる表を作成した。

そして最終的に，臨床心理士資格取得後5年未満の初学者について，①体験の全体像をボトムアップ的に捉えること，②体験の変化をプロセスと

表 5-1 調査協力者一覧

調査協力者(I)	大学院	性別	経験年数	主な実践領域	定期的な学習機会				グループ
					個人SV	GSV	事例検討会	その他勉強会	
20	A	男	1・2年	医療福祉	○		○		VI
21	A	男	1・2年	医療教育	○	○	○	○	VI
22	A	男	1・2年	医療教育	○		○		VI
23	A	女	1・2年	医療教育	○		○	○	VI
24	A	女	1・2年	医療教育	○		○		VI
25	B	男	1・2年	医療教育	○	○	○		V
26	B	女	1・2年	医療教育			○		V
27	C	女	1・2年	医療教育福祉			○		V
28	A	女	3・4年	医療教育	○		○		VI
29	A	女	3・4年	医療福祉	○		○		VI
30	B	女	3・4年	医療教育		○			VI
31	B	女	3・4年	医療					V
32	C	女	3・4年	医療教育福祉			○		V
33	G	女	3・4年	医療教育福祉	○		○		VI
34	H	男	3・4年	医療教育福祉	○		○		VI
35	I	男	3・4年	医療教育福祉	○		○	○	VI

※個人SVは個人スーパーヴィジョン，GSVはグループスーパーヴィジョン（事例検討会は除く）を意味する／グループは本研究の分析の結果，各調査協力者が分類されたグループを示す。

して整理すること，③体験の個人差について理解を深めること，という3つの目的に即した仮説と，それを視覚的に表現するモデルを生成した。

3. 結果

① 生成されたカテゴリ・概念

　分析の結果，臨床心理士資格取得後5年未満の「初学者の学習プロセス」は，臨床心理士指定大学院修了後3カ月以内の「初学者の学習プロセス」と同様に，「知識や助言に依拠する学び」と「自身の感覚や判断に依拠する学び」を両輪として，行きつ戻りつしながら進行することが明らかとなった。また，本章で生成されたカテゴリ・概念と，第4章で生成されたカテゴリ・概念は，極めて類似性が高いことが示された。ただし，一部のカテゴリ・概念には違いが見られたことから，以下，「初学者の学習プロセス」「知識や助言に依拠する学び」「自身の感覚や判断に依拠する学び」について，それぞれに分類されたカテゴリ・概念を，表5-2，5-3，5-4に整理して示した。なお，各表において，第5章で新たに生成されたカテゴリ・概念にのみ「定義」を記載した。以下の本文中では，カテゴリを【　】，概念を〈　〉で示す。

　表5-2に示した通り，本章では，第4章で整理した「初学者の学習プロセス」のうち，【捉えどころのわからなさ】というカテゴリの生成が確認されず，代わりに，【経験の蓄積に伴う小さな自信の蓄積】【大学院での学びが通用しない戸惑い】【理論や領域を限定したうえでの専門性の深化と戸惑い】，という3つのカテゴリが追加された。

　また，第4章では十分なデータ数に裏づけられていなかった【個々の気づきや学びの「つなぎの視点」の獲得】というカテゴリに，第5章では数多くのデータが該当することが確認され，〈場全体を見立てるという視点への気づき〉〈CL間の共通項とバリエーションを捉える視点への気づき〉〈異なる領域における動き方の共通点・相違点への気づき〉〈心理面接と他職種専門家との協働の共通項への気づき〉〈臨床と研究における視点のも

表 5-2　初学者の学習プロセスのカテゴリと概念

	カテゴリ	概念	定義
初学者の学習プロセス	1：捉えどころのわからなさ		（第5章では生成なし）
	17：経験に伴う小さな自信の蓄積		経験の蓄積に伴い「以前よりわかるようになった」という小さな自信を蓄積していくこと
	18：大学院での学びが通用しない戸惑い	㉚大学院で学習した理論や知識が役立たない	大学院で学習した理論や知識が、現場では役立たないという問題に直面し混乱すること
		㉛面接以外の動きが求められるも上手く動けない	集団への支援や予防的介入、研修など、心理面接以外の動きが求められるも上手く動けず困惑すること
		㉜他職種専門家との協働の仕方がわからない	他職種専門家との協働が求められるも、具体的に誰とどのように関係構築を行うべきかがわからず困惑すること
		㉝各場面や各領域に応じた動きの使い分け方がわからない	異なる場面や異なる領域に応じた動き方や、関わりの使い分け方がわからず困惑すること
	2：「専門家として未熟な自分」の感覚や判断の信頼できなさ	①経験不足による信頼できなさ	第4章と共通
		②知識や助言の絶対視による信頼できなさ	第4章と共通
		③他者からの否定的フィードバックによる信頼できなさ	第4章と共通
		④技量豊かな他職種専門家の実践の目撃に伴う「専門性」の混乱	第4章と共通
	19：理論や領域を限定したうえでの専門性の深化と戸惑い		学習対象とする理論や領域を限定したうえで専門性を深化させる選択をするも、漠然とした不全感や負担感が軽減されず戸惑う体験
	3：「現時点での自分」の感覚や判断の信頼と活用	⑤他者からの肯定的フィードバックによる信頼	第4章と共通
		⑥自身の変化の実感を根拠とする信頼	第4章と共通
		⑦自分は自分として会うしかないと覚悟する	第4章と共通

表 5-2 初学者の学習プロセスのカテゴリと概念（つづき）

初学者の学習プロセス	4：個々の気づきや学びの「つなぎの視点」の獲得	⑧CLと自分自身の相互作用への気づき	第4章と共通
		⑨面接室のCLと日常のCLのつながりへの気づき	第4章と共通
		㉞場全体を見立てるという視点への気づき	CLとCLを取り巻く様々な他者の関係性や状況などを、「場全体を見立てる」という1つのまとまりとして捉える視点を獲得すること
		⑩自身の位置づけや役割を俯瞰的に捉える視点への気づき	第4章と共通
		㉟CL間の共通項とバリエーションを捉える視点への気づき	異なるCLを比較する際の軸となる共通項を捉える視点を得ることで、多様性をバリエーションとして、つながりをもって捉える視点を獲得すること
		㊱異なる領域における動き方の共通点・相違点への気づき	異なる領域における動き方の共通点と相違点を捉えることで、各領域における実践がつながりのあるものとして体験されるようになること
		㊲心理面接と他職種専門家との協働の共通項への気づき	心理面接と他職種専門家との協働に際して求められる、コミュニケーションの共通項を捉える視点を得ること
		㊳臨床と研究における視点のもち方のつながりへの気づき	今ある情報をわかりやすくまとめようと試行錯誤する視点のもち方が、臨床と研究に共通するものとして体験されること

ち方のつながりへの気づき〉，という5つの概念が新たに追加された。

　表5-3に示した通り，「知識や助言に依拠する学び」として得られたカテゴリ・概念は，第4章と第5章の調査研究間ですべて共通していた。

　表5-4に示した通り，「自身の感覚や判断に依拠する学び」として得られたカテゴリ・概念の多くは第4章と第5章の調査研究間で共通していたが，第5章では，【複雑な事情に即した関わりと模索】というカテゴリに，〈ごちゃごちゃしたものを削ぎ落とさない方法の模索〉〈面接場面と日常場面の支援の線引きとバランスの模索〉という2つの概念が追加された。

表 5-3　知識や助言に依拠する学びのカテゴリと概念

	カテゴリ	概念	定義
知識や助言に依拠する学び	5：知識や助言を得る		第4章と共通
	6：知識や助言の実践への適用の難しさ	⑪既存の理論や知識の適用の難しさ	第4章と共通
		⑫他者の実践や助言の適用の難しさ	第4章と共通
		⑬知識や助言の食い違いに伴う混乱	第4章と共通
		⑭知識や助言そのものに対する疑問や咀嚼できなさ	第4章と共通
	7：自身の癖や至らなさの自覚と修正の試み	⑮CLよりも自身の思いが先行した関わりの自覚と修正	第4章と共通
		⑯着目しがちな情報の偏りの自覚と修正	第4章と共通
		⑰特定の理解や感情への囚われの自覚と修正	第4章と共通
		⑱自身の気づきを抑制しがちな傾向の自覚と修正	第4章と共通
	8：知識や助言に裏づけられた学びの実感	⑲既存の理論や知識の適用に伴う学びの実感	第4章と共通
		⑳他者の実践や助言の適用に伴う学びの実感	第4章と共通
	9：知識や助言の客観視と選択的吸収	㉑既存の知識や理論を状況やタイミングを見極め適用する	第4章と共通
		㉒他者の実践や助言を自分なりに吟味・選択して吸収する	第4章と共通
	10：学習対象の選択と限定		第4章と共通

② ケース・マトリックスによる調査協力者のグループ化

　続いて，ケース・マトリックスを用いた調査協力者のグループ化の結果を，表 5-5 に示す。ここでは，第4章と第5章で生成されたカテゴリと概念の共通点・相違点を整理する目的で，第4章と第5章の全調査協力者から生成されたカテゴリと概念をまとめて一覧表に整理した。

　分析の結果，第4章の調査協力者は4つのグループに分類されたのに対し，第5章の調査協力者は2つのグループに分類されることが明らかとなった。以下，第5章の調査協力者のグループ分けの基準について説明する。

表5-4 自身の感覚や判断に依拠する学びのカテゴリと概念

	カテゴリ	概念	定義
自身の感覚や判断に依拠する学び	11：自分で感じ考える		第4章と共通
	12：問題の多面性・多層性への気づき	㉓CLの言動の変化への気づき	第4章と共通
		㉔CLの言動の矛盾やギャップへの気づき	第4章と共通
		㉕CLの本来持つ力への気づき	第4章と共通
		㉖表向きの主訴と問題の本質のギャップへの気づき	第4章と共通
		㉗関係者間の理解やニーズのギャップへの気づき	第4章と共通
	13：個々の気づきと全体像のつながらなさ		第4章と共通
	14：他者に試行錯誤が支えられる感覚		第4章と共通
	15：記録の省察による実践の客観視と自己評価		第4章と共通
	16：複雑な事情に即した関わりとバランスの模索	㉘共感と指示的関わりのバランスの模索	第4章と共通
		㉙関わりのさじ加減やタイミングの模索	第4章と共通
		㊴ごちゃごちゃしたものを削ぎ落とさない方法の模索	混沌としたものや言葉にならないもの，表面化していないものなど，ごちゃごちゃしたものを削ぎ落とさないよう意識すること
		㊵面接場面と日常場面の支援の線引きとバランスの模索	面接場面と日常場面の支援の明確な線引きを目指さず，その時々で線引きの仕方やバランスの取り方の調整を試みること

表 5-5 ケース・マトリックスによる調査協力者のグループ化

		修士課程修了後3ヵ月以内の調査協力者														資格取得後5年未満の調査協力者									
No カテゴリ名	概念名	1	12	14	18	3	4	6	15	19	2	5	7	9	10	17	8	11	13	16	31	32	25	26	27	20	21	22	23	24	28	29	30	33	34	35

初学者の学習プロセス

1：捉えどころのわからなさ
17：経験に伴う小さな自信の蓄積
18：大学院での学びが通用しない戸惑い
※㉚面接以外の動きが求められるも上手く動けない
※㉛他職種専門家と協働の仕方がわからない
※㉜各場面や各領域に応じた動きの使い分け方がわからない

2：国専門家として未熟な自分への感覚や判断の信頼の揺らぎ
①経験不足による信頼できなさ
②知識や助言の絶対視による信頼できなさ
③他者からの否定的なフィードバックによる信頼
④技量豊かな他職種専門家の実践の目撃に伴う「専門性」の混乱

※19：「現時点での自分」の感覚や判断の信頼と活用
3：個々の気づきや学びの「つなぎ」の視点の獲得
④CLと自分自身のアセスメントへの気づき
⑧面接室のCLと目前のCLのつながりへの気づき
⑨面接場面全体を見立てるという視点への気づき
⑩自身の位置づけや役割を判断的に捉える視点の気づき
※⑪CL間の共通項とバリエーションを捉える視点の気づき
※⑳異なる領域における動き方の共通点・相違点への気づき
※㉓心理面接と他職種協働の共通項への気づき
※㉔臨床と研究における視点のもち方のつながりへの気づき

5：知識や助言を得る
6：知識や助言の実践への適用の難しさ
⑫既存の理論や知識の適用の難しさ
⑬他者の実践や助言の適用の難しさ
⑭知識や助言の食い違いに伴う混乱
⑮自身の助言そのものに対する疑問や咀嚼できなさ

7：自身の修練をよくより自覚と修正
⑯CLよりも自身の思いが先行した関わりの自覚と修正

表 5-5 ケース・マトリックスによる調査協力者のグルーピング（つづき）

		グループ I	グループ II	グループ III	グループ IV	グループ V	グループ VI
知識や助言に依拠する学び	⑯着目しがちな情報の偏りの自覚と修正			●	●		● ●
	⑰特定の理解や感情への囚われの自覚と修正	○ ○ ○	○	● ○ ○	● ● ○ ○	○ ○ ○	● ○ ○ ○
	⑱自身の気づきを抑制しがちな傾向の自覚と修正			●	● ●		●
	8：知識や助言に裏づけられた学びの実感	● ● ●	●	●	●		● ●
	⑲既存の理論や知識の適用に伴う学びの実感	● ● ●	●	● ●	● ●		● ●
	⑳他者の実践や助言の適用に伴う学びの実感	●					●
	9：知識や助言の客観視と選択的吸収	● ●	●	●	● ●	●	● ●
	㉑既存の知識や理論を状況やタイミングを見極め適用する	● ●	●	●	● ●	●	● ●
	㉒他者の実践や助言を自分なりに吟味・選択して吸収する	● ●	●	●	● ●	●	● ●
	10：学習対象の選択と限定	●	●		●		●
感覚や判断に依拠する学び	11：自分で感じ考える	●	●	●	●	●	● ●
	12：問題の多面性・多層性への気づき	●		●	●	●	● ●
	㉓CLの言動の変化への気づき	●		●	●		●
	㉔CLの言動の予有やギャップへの気づき	●			●		● ●
	㉕CLの未来もつ力への気づき						●
	㉖表向きの主訴と問題の本質のギャップへの気づき		●		●		●
	㉗関係者間の理解やニーズのギャップへの気づき	●	●	●	●		● ●
	13：個々の気づきと全体像のつながり	●		●	●		● ●
	14：他者に試行錯誤が支えられる感覚			●		●	
	15：記録の省察による実践の客観視と自己評価		●	●			●
	16：複雑な事情に即した関わりのバランスの模索			●	●		●
	㉘共感と指示的関わりの加減やタイミングの模索			●	●		●
	㉙関わりのさじ加減やタイミングの模索			●	●		●
	※㊵面接場面と日常場面の双方の支援の繰引きとバランスの模索				●		●

第 5 章——成長過程の第 3 ステージ　149

表5-2に示した通り，第5章にて「初学者の学習プロセス」に分類されたのは，【経験に伴う小さな自信の蓄積】【大学院での学びが通用しない戸惑い】【「専門家として未熟な自分」の感覚や判断の信頼できなさ】【理論や領域を限定したうえでの専門性の深化と戸惑い】【「現時点での自分」の感覚や判断の信頼と活用】【個々の気づきや学びの「つなぎの視点」の獲得】，という6個のカテゴリである。この6個のカテゴリの生成の有無について，調査協力者間で違いが見られたことから，本研究では，この違いを基準として，調査協力者を2つのグループに分類した。

　2つのグループの初学者の学習プロセスは，【大学院での学びが通用しない戸惑い】と【「専門家として未熟な自分」の感覚や判断の信頼できなさ】の間で揺れ動く一方で，【経験に伴う小さな自信の蓄積】に支えられながら進行する，という点は共通する。その後は，【理論や領域を限定したうえでの専門性の深化と戸惑い】へと進む経路と，【「現時点での自分」の感覚や判断の信頼と活用】【個々の気づきや学びの「つなぎの視点」の獲得】へと進む経路に分岐する。本研究では，こうした経路の分岐を基準として，前者の経路をたどる初学者をグループV，後者の経路をたどる初学者をグループVIに分類した。初学者のグループ分けについて，第4章と第5章の違いも比較可能な形で図示したものが図5-1である。

　第4章にも述べた通り，これらのグループ化は，調査協力者の語りから生成されたカテゴリと概念をもとに行ったものであり，必ずしも他者からの評価と一致するとは限らない。しかし，これまでさまざまな発達的モデルにおいて同一の発達段階に位置づけられてきた初学者の主観的体験の個人差を，グループ化によって具体的に示すことは，初学者の学習の多様性を捉えるうえで意味があるだろう。また，同一の実践領域，同一の経験年数の調査協力者間でも，分類されるグループに違いが見られたことから（表5-1，5-5参照），臨床心理士資格取得後5年未満の初学者の主観的体験の多様性は，実践領域の違いや，資格取得後1・2年目か3・4年目かという数年の経験年数の違いによって説明できるものではないことが示されたと言える。次項以降では，第4章で得られた結果との共通点・相違点に

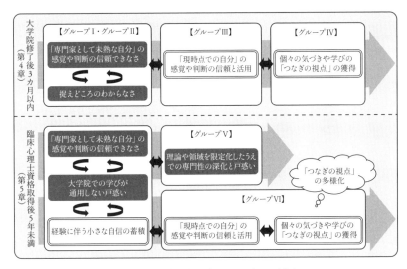

図 5-1　初学者の学習プロセスとグループ分け

も留意しながら，本章で得られたグループⅤ・グループⅥの「初学者の学習プロセス」について説明する。

③ グループⅤの初学者の学習プロセス

グループⅤの初学者の学習プロセスは，【大学院での学びが通用しない戸惑い】と「専門家として未熟な自分」の感覚や判断の信頼できなさ】の間で揺れ動く一方で，【経験に伴う小さな自信の蓄積】に支えられながら進行すること，その後，【理論や領域を限定したうえでの専門性の深化と戸惑い】へと移行することを特徴とする。グループⅤの初学者の学習プロセスをモデル化したものを図 5-2 に示す。

グループⅤの初学者5名のうち4名は，「知識や助言に依拠する学び」に特化した学習を進めており，そのプロセスは，基本的にはグループⅠの初学者と共通する。残りの1名（I.27）は，「知識や助言に依拠する学び」と「自身の感覚や判断に依拠する学び」を両輪とした学習を進めており，そのプロセスは，基本的にはグループⅡの初学者と共通する。第4章では，

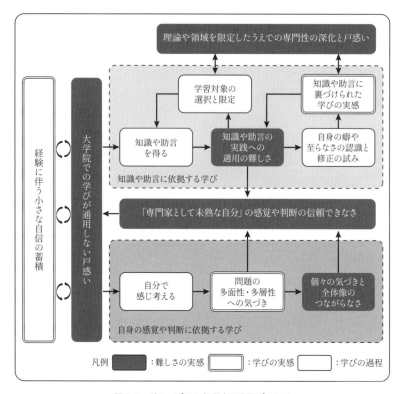

図5-2 グループⅤの初学者の学習プロセス

　これらのグループを区別して整理したが，本章では，【理論や領域を限定したうえでの専門性の深化と戸惑い】へと移行するという共通点を重視し，これらをまとめてグループⅤに分類した。生成されたカテゴリと概念の類似性から，グループⅤとは，グループⅠ・Ⅱの「初学者の学習プロセス」の発展形と位置づけることができるだろう。ただし，グループⅤの「初学者の学習プロセス」と，グループⅠ・Ⅱの「初学者の学習プロセス」では，"出発点"と"到達点"に違いが見られる。以下，その違いを踏まえて，グループⅤの「初学者の学習プロセス」の特徴について説明する。

(1) グループ V とグループ I・II の初学者の学習プロセスの"出発点"の比較

　第 4 章で示した通り，グループ I・II の初学者は，【捉えどころのわからなさ】を"出発点"とする。そして，「知識や助言に依拠する学び」に特化した学習を進める場合（グループ I）にも，「知識や助言に依拠する学び」と「自身の感覚や判断に依拠する学び」を両輪とした学習を進める場合（グループ II）にも，繰り返し【「専門家として未熟な自分」の感覚や判断の信頼できなさ】の実感を強め，【捉えどころのわからなさ】へと揺れ戻る点に特徴が見られた。一方，グループ V の初学者は，【経験に伴う小さな自信の蓄積】と【大学院での学びが通用しない戸惑い】を"出発点"とする。そして，「知識や助言に依拠する学び」に特化した学習を進める場合にも，「知識や助言に依拠する学び」と「自身の感覚や判断に依拠する学び」を両輪とした学習を進める場合にも，繰り返し【「専門家として未熟な自分」の感覚や判断の信頼できなさ】の実感を強め，【大学院での学びが通用しない戸惑い】へと揺れ戻る。このときの揺れ戻りの経路は，基本的にはグループ I・II と同一であるが，グループ V の初学者は，【捉えどころのわからなさ】（何をどのように学べばよいのかがわからず混沌としている状態）までは揺れ戻らない点に特徴がある。【経験に伴う小さな自信の蓄積】が，こうした揺れ戻りを支える機能を担っていると考えられるだろう。

(2) グループ V とグループ I・II の初学者の学習プロセスの"到達点"の比較

　続いて"到達点"の違いについて説明する。第 4 章に示した通り，グループ I・II の初学者は，【捉えどころのわからなさ】と【「専門家として未熟な自分」の感覚や判断の信頼できなさ】の間で揺れ動く段階にあることを特徴とする。一方，グループ V の初学者は，【経験に伴う小さな自信の蓄積】に支えられながら，【大学院での学びが通用しない戸惑い】と【「専門家として未熟な自分」の感覚や判断の信頼できなさ】の間で揺れ動く段階を経て，【理論や領域を限定したうえでの専門性の深化と戸惑い】へと移行する様子が確認された。つまり，グループ V の初学者は，グループ I・II の初学者と比較して，揺れ戻りの幅が小さい点，【理論や領域を限定したう

えでの専門性の深化と戸惑い】へと学習を進めている点に特徴があると言える。

ただし，【理論や領域を限定したうえでの専門性の深化と戸惑い】とは，「学習対象とする理論や領域を限定したうえで専門性を深化させる選択をするも，漠然とした不全感や負担感が軽減されず戸惑う体験」と定義されるカテゴリであり（表5-2），グループⅤの初学者が，臨床心理士資格取得後数年の経験を積んでもなお，漠然とした不全感や負担感を抱えつづけている様子を示すものである。

生成されたカテゴリの比較から（表5-5），グループⅤの初学者のうち，「知識や助言に依拠する学び」に特化した学習を進める4名は，グループⅠの初学者と同様に，「自身の感覚や判断に依拠する学び」へと進むこと自体に難しさを感じているものと考えられた。また，「知識や助言に依拠する学び」と「自身の感覚や判断に依拠する学び」を両輪とした学習を進めている残りの1名（I.27）も，グループⅡの初学者と同様に，【問題の多面性・多層性への気づき】よりも【「専門家として未熟な自分」の感覚や判断の信頼できなさ】が上回りやすく，自身の気づきを過小評価しやすい点に課題があるものと考えられた。つまり，グループⅠ・Ⅱの初学者が，学習を進めるうえで抱えていた困難は，経験の蓄積に伴い自然に解消されるわけではなく，臨床心理士資格取得後も依然として継続する可能性があるものと理解することができるだろう。【理論や領域を限定したうえでの専門性の深化と戸惑い】とは，こうした初学者が抱える困難が蓄積し，一方で，【経験に伴う小さな自信の蓄積】によって覆い隠された結果，"漠然とした不全感や負担感"として覆いかぶさってくる様子を示すカテゴリと言えるのではないだろうか。以下，このカテゴリの発言例を示す。

　　（2つ程度の学派の理論に限定して学びを深化させた結果）不思議なんですけど，同じ仕事を3年やって，慣れてきたりしてるところもあるのに，どんどん，負担だなとか，しんどい思いをしてるな今っていう瞬間が多い気もしていて，その度合いが……まぁなんか，長年やっ

てたら楽になるって類のものではないんだろうなっていうことを思っていて。そこの苦しさっていうのがどこかで抜けるのか，それともそういう仕事なのかみたいな見極めを，今ちょっとしていて。(I.31／【理論や領域を限定したうえでの専門性の深化と戸惑い】)

④ グループⅥの初学者の学習プロセス

続いて，グループⅥの初学者の学習プロセスを示す。グループⅥの初学者の学習プロセスは，【大学院での学びが通用しない戸惑い】と【「専門家として未熟な自分」の感覚や判断の信頼できなさ】の間で揺れ動く一方で，【経験に伴う小さな自信の蓄積】に支えられながら進行する。そして，その後，【「現時点での自分」の感覚や判断の信頼と活用】の段階，【個々の気づきや学びの「つなぎの視点」の獲得】の段階へと移行することを特徴とする。グループⅥの初学者の学習プロセスをモデル化したものを，図5-3に示す。

グループⅥの初学者は，「知識や助言に依拠する学び」と「自身の感覚や判断に依拠する学び」を両輪とした学習を進めており，そのプロセスは，基本的にはグループⅢ・Ⅳの初学者と共通する。第4章では，【「現時点での自分」の感覚や判断の信頼と活用】の段階までの移行が確認されたメンバーをグループⅢ，【個々の気づきや学びの「つなぎの視点」の獲得】までの移行が確認されたメンバーをグループⅣとして，両者を区別して整理した。第5章では，【「現時点での自分」の感覚や判断の信頼と活用】の段階への移行が確認されたメンバー全員が，【個々の気づきや学びの「つなぎの視点」の獲得】へと移行する様子が確認されたことから，これらを区別せず，まとめてグループⅥに分類した。生成されたカテゴリと概念の類似性から，グループⅥとは，グループⅢ・Ⅳの「初学者の学習プロセス」の発展形と位置づけることができるだろう。ただし，グループⅥの「初学者の学習プロセス」と，グループⅢ・Ⅳの「初学者の学習プロセス」では，"出発点"と"到達点"に違いが見られる。以下，その違いを踏まえて，グループⅥの「初学者の学習プロセス」の特徴について説

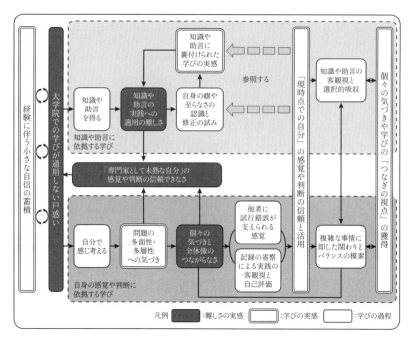

図 5-3　グループ VI の初学者の学習プロセス

明する。

(1) グループ VI とグループ III・IV の初学者の学習プロセスの"出発点"の比較

　グループ VI とグループ III・IV の「初学者の学習プロセス」の"出発点"の違いは，グループ V とグループ I・II における違いと同一である。つまり，グループ VI の初学者の学習プロセスは，グループ V の場合と同様に，【経験に伴う小さな自信の蓄積】と【大学院での学びが通用しない戸惑い】を"出発点"とすること，繰り返し【「専門家として未熟な自分」の感覚や判断の信頼できなさ】の実感を強め，【大学院での学びが通用しない戸惑い】へと揺れ戻ること，その際，【捉えどころのわからなさ】までは揺れ戻らないよう，【経験に伴う小さな自信の蓄積】によって支えられてい

ることを特徴とする。このように,【経験に伴う小さな自信の蓄積】によって,学習プロセスの揺れ戻しが深刻化しないよう支えられているか否かが,臨床心理士資格取得後5年未満の初学者(グループⅤ・Ⅵ)と,臨床心理士指定大学院における初学者(グループⅠ～Ⅳ)の学習プロセスの違いのひとつと言えるだろう。

(2) グループⅥとグループⅢ・Ⅳの初学者の学習プロセスの"到達点"の比較

　続いて"到達点"の違いについて説明する。グループⅥの初学者の学習プロセスの"到達点"は【個々の気づきや学びの「つなぎの視点」の獲得】であり,グループⅣと同一である。ただし,第4章(グループⅣ)では,このカテゴリが十分なデータ数に裏づけられたものではない点が課題として挙げられたが,第5章(グループⅥ)では,十分なデータ数が確保されたと同時に,複数の概念も新たに追加された点に違いがある。具体的には,〈CLと自分自身の相互作用への気づき〉〈面接室のCLと日常のCLのつながりへの気づき〉〈自身の位置づけや役割を俯瞰的に捉える視点への気づき〉という3つの既存の概念に,〈場全体を見立てるという視点への気づき〉〈CL間の共通項とバリエーションを捉える視点への気づき〉〈異なる領域における動き方の共通点・相違点への気づき〉〈心理面接と他職種専門家との協働の共通項への気づき〉〈臨床と研究における視点のもち方のつながりへの気づき〉という5つの新たな概念が加えられた。これらの概念の追加は,初学者が,より緻密に,より俯瞰的に,目の前の状況を捉えられるようになっていることを示す指標として理解できるだろう。ただし,追加された概念のなかには,データ数が十分であるとは言いがたいものもある(表5-5)。しかし,第4章でのデータ数不足が第5章では補われ,概念数も増加したことを鑑みると,【個々の気づきや学びの「つなぎの視点」の獲得】は,初学者の学習の発展状況を示す指標となるカテゴリであると考えられ,今後もさらなる発展とデータ数の確保が見込まれるものと推定できるだろう。

　また,表5-4に示した通り,本章では,【複雑な事情に即した関わりと

バランスの模索】というカテゴリにも,〈ごちゃごちゃしたものを削ぎ落とさない方法の模索〉〈面接場面と日常場面の支援の線引きとバランスの模索〉という2つの新たな概念が追加された。【個々の気づきや学びの「つなぎの視点」の獲得】の前段階に位置するこのカテゴリは,さまざまな矛盾や葛藤が含まれる複雑な事情を前に,どの情報も過小評価することなく,バランスを意識して試行錯誤する初学者の様子を示したものである。このカテゴリに含まれる概念の多様化は,こうした試行錯誤の方略の多様化を意味し,【個々の気づきや学びの「つなぎの視点」の獲得】の概念の多様化にもつながっているものと考えられた。

このように,グループⅥの「初学者の学習プロセス」は,グループⅢ・Ⅳの「初学者の学習プロセス」と比較して,【複雑な事情に即した関わりとバランスの模索】と【個々の気づきや学びの「つなぎの視点」の獲得】の両カテゴリの概念が多様化している点に特徴があると言えるだろう。

⑤ 初学者の学習プロセスの分岐点

続いて,各グループの比較から,初学者の学習プロセスの分岐点について,改めて整理する。これまで述べてきた通り,グループⅤは,グループⅠ・Ⅱの初学者の学習プロセスの発展形に位置し,グループⅥは,グループⅢ・Ⅳの初学者の学習プロセスの発展形に位置する。ゆえに,グループⅤとグループⅥの初学者の学習プロセスの分岐点は,第4章において得られた5つの分岐点と重複する部分が多いものと考えられるだろう。以下,各分岐点について具体的に検証する。

(1) 分岐点1——同時並行的な学習

第4章で得られた分岐点のうち,同時並行的な学習とは,「知識や助言に依拠する学び」に特化した学習を進めるか,「知識や助言に依拠する学び」と「自身の感覚や判断に依拠する学び」を両輪とした学習を進めるか,という違いを意味していた。本章においても,グループⅤに分類された初学者の5名中4名が,「知識や助言に依拠する学び」に特化した学習を進

めていることが示されており（表 5-5），この分岐点は，本章の知見にも該当することが確認された。

(2) 分岐点2——さまざまな揺れ戻り

さまざまな揺れ戻りとは，初学者が，【捉えどころのわからなさ】（何をどのように学べばよいのかがわからず混沌としている状態）へと揺れ戻る際の経路が多様であることを意味する分岐点であった。そして，第4章では，学習経路の違い（「知識や助言に依拠する学び」に特化した学習を進めるか，「知識や助言に依拠する学び」と「自身の感覚や判断に依拠する学び」を両輪とした学習を進めるか，という違い）と，初学者の個人差（個々の初学者が【「専門家として未熟な自分」の感覚や判断の信頼できなさ】を実感しやすい程度や場面の違い）によって，初学者がたどる可能性のある揺れ戻りの経路が異なることが示された。本章においても，学習経路の違い，および，初学者の個人差が存在することが示されており（表 5-5），この分岐点は，本章の知見にも該当すると言えるだろう。

ただし，既述の通り，本章の初学者は，【大学院の学びが通用しない戸惑い】と【「専門家として未熟な自分」の感覚や判断の信頼できなさ】の間で揺れ動く一方で，【経験に伴う小さな自信の蓄積】に支えられながら学習を進めている点に，第4章の初学者との違いが見られた。つまり，本章において検証してきた揺れ戻りは，初学者が【捉えどころのわからなさ】までは揺れ戻らないよう，【経験に伴う小さな自信の蓄積】に支えられている点に，第4章とは異なる特徴があると言えるだろう。

(3) 分岐点3——「現時点での自分」の信頼と活用

「現時点での自分」の信頼と活用とは，第4章で鍵となる学習のポイントとして示された分岐点であり，【「現時点での自分」の感覚や判断の信頼と活用】の段階へと学びを進められるかどうか，という違いを意味する。この段階へと学びを進めるうえで鍵となるのは，【他者に試行錯誤が支えられる感覚】【記録の省察による実践の客観視と自己評価】という2

つのカテゴリであり，これらのカテゴリのいずれか，もしくは両方を学びの体験として実感できるかどうかが，重要な分岐点となることが確認された。本章においても，これら2つのカテゴリのいずれか，もしくは両方を学びの体験として実感できるかどうかという点に，グループⅤとグループⅥの初学者の違いが存在することが示されており（表5-5），この分岐点は，本章の知見にも該当すると考えられた。

(4) 分岐点4──学習対象の選択

　学習対象の選択とは，初学者が「知識や助言に依拠する学び」を進めるに際して，学習対象とする知識や助言を選択する方法に個人差が存在することを意味する分岐点であった。第4章では，【学習対象の選択と限定】と【知識や助言の客観視と選択的吸収】のいずれのカテゴリに該当する語りが得られるかという点に，グループⅠ・ⅡとグループⅢ・Ⅳの初学者の違いが確認された。両カテゴリの違いは，指導者の方針や自身の志向性に基づく学習対象の選択を行うか，目の前の状況やタイミング，自身の納得に基づく学習対象の選択を行うか，という点にある。本章でも，グループⅤの初学者からは【学習対象の選択と限定】に該当する語りのみが確認され，グループⅥの初学者からは【知識や助言の客観視と選択的吸収】に該当する語りのみが確認された（表5-5）。つまりこの分岐点は，本章にも該当すると言えるだろう。

(5) 分岐点5──全体像の形成

　全体像の形成とは，【個々の気づきと全体像の繋がらなさ】に困惑する体験に見られる個人差を指す。このカテゴリは，初学者が自分で感じ考えることを実践し，数多くの【問題の多面性・多層性への気づき】を得た結果として体験されるカテゴリであり，【個々の気づきや学びの「つなぎの視点」の獲得】の段階へと学びを進めるうえで，不可欠な通過点となる。本章において，このカテゴリに該当する語りが得られたのはグループⅥの初学者のみであったことから（表5-5），このカテゴリの生成の有無が，

グループⅤとグループⅥの初学者の分岐点であると言えるだろう。

＊

　以上，第4章にて得られた5つの分岐点は，第5章の初学者にもおおむね共通する分岐点であることが確認された。一方，本章において新たに見出された分岐点として，「つなぎの視点」の獲得（分岐点⑥）も追加しておきたい。

(6) 分岐点6――「つなぎの視点」の獲得
　「つなぎの視点」の獲得とは，【個々の気づきや学びの「つなぎの視点」の獲得】というカテゴリに含まれる概念の多様化の程度に表れる個人差を意味する。調査研究の結果，このカテゴリが生成されたか否かという点に，グループⅤとグループⅥの初学者の違いが存在することが確認された。そして，このカテゴリの生成が確認されたグループⅥの初学者間であっても，その視点がどの程度多様化しているかという点に個人差が見られた（表5-5）。既述の通り，このカテゴリは，初学者の学習の発展状況を示す指標となるカテゴリであり，今後もさらなる発展とデータ数の確保が見込まれる。そのように考えると，このカテゴリに示される個人差に着目しながら，各々に不足する視点を獲得・多様化させていくことが学習をより発展させるうえで重要と言えるだろう。

＊

　以上，初学者の学習プロセスの分岐点として，6つの点を提示した。本研究で示された分岐点は，あくまで初学者の主観的な体験にもとづくものであり，他者からの評価と一致するとは限らない。しかし，初学者の主観的な体験に，実践領域の違いや，臨床心理士資格取得後数年の経験年数の違いとしては説明できない分岐点が存在することを示した本研究の結果は，初学者の"学び方"によって学習がスムーズに進められるか否かが左右される事態を実証的に示したと言える。

それでは，どのような"学び方"であれば，臨床実務経験を積む初期段階である成長過程の第3ステージにおいて，より効果的に学ぶことができるのであろうか。また，そのポイントは，専門的な教育・訓練課程にあたる第2ステージと比較して，どのように異なるのであろうか。次節では，調査研究から得られた知見，および第4章との比較を通して，成長過程の第3ステージにおける学習のポイントを整理する。

2 – 成長過程の第3ステージにおける学習のポイント
――実務経験を積むにあたって

1. 第3ステージにおける学習のポイント

調査研究の結果，初学者の学習プロセスと6つの分岐点が示された。そして，第4章と本章の比較からもわかる通り，第2ステージ・第3ステージの初学者の学習プロセスは類似しており，その分岐点もおおむね共通していることが確認された。具体的には，①同時並行的な学習，②さまざまな揺れ戻り，③「現時点での自分」の信頼と活用，④学習対象の選択，⑤全体像の形成，という5つの分岐点が共通しており，本章において新たに追加されたのは，⑥「つなぎの視点」の獲得，という6つ目の分岐点のみであった。以上を踏まえると，原則的には，第2ステージと第3ステージで求められる学習のポイントは共通するものと考えられる。一方，本章独自のカテゴリや概念も生成され，新たな学習プロセスの分岐点も追加されたことから，第3ステージ特有の学習のポイントも存在するものと考えられる。以下，第2ステージと第3ステージの共通点・相違点を整理することで，第3ステージにおける学習のポイントを提示したい。

① 第2ステージとの共通点

上述の通り，第2ステージにて示された5つの初学者の学習プロセスの分岐点は，第3ステージにもすべて共通するものであった。第2ステージでは，得られた5つの分岐点をもとに3つの学習のポイントを提案したが，

これらのポイントは，第3ステージにおいても重要なポイントとなると考えられるだろう。

第2ステージにて提案された学習のポイントとは，「主体的な実践と省察」「専門知識の学習と活用」「学習プロセスの全体像と自己の位置の把握」，という3点であった。そして，第2ステージでは，これらの3つの学習のポイントをもとに，「【「現時点での自分」の感覚や判断の信頼と活用】の段階へ学びを進めること」の重要性を指摘した。本章においても，この【「現時点での自分」の感覚や判断の信頼と活用】の段階へと学びを進めることができていないグループⅤの初学者は，【理論や領域を限定したうえでの専門性の深化と戸惑い】という異なる経路へと学びを進め，漠然とした不全感や負担感を抱えている様子が示された。つまり，【「現時点での自分」の感覚や判断の信頼と活用】の段階へと学びを進められるか否かが，第2ステージだけでなく，第3ステージにおいても，初学者の学習の発展を左右する鍵となると言えるだろう。

ここで，第3ステージのグループⅤの初学者においては，【経験に伴う小さな自信の蓄積】によって自身が抱える困難が覆い隠され，漠然とした不全感や負担感を持続させる一因となっている可能性が示唆されたことは，既述の通りである。この結果は，初学者が，こうしたメカニズムに自覚的になり，【経験に伴う小さな自信の蓄積】に惑わされることなく，行き詰まった際には第2ステージの学習のポイントに立ち戻って学習することの重要性を示すものと言えるだろう。

② 第2ステージとの相違点——実践知の獲得

続いて，第2ステージと第3ステージの相違点，すなわち，第3ステージ独自の学習のポイントについて整理する。これまで述べてきた通り，本章と第4章で得られた知見の特徴的な相違点として，【個々の気づきや学びの「つなぎの視点」の獲得】が挙げられる（分岐点⑥）。第4章では，グループⅣの初学者4名において，このカテゴリに該当する語りが得られたが，データ数が不十分である点に課題が存在していた。第5章では，

表5-6　個々の気づきや学びの「つなぎの視点」

つなぎの視点	定義
CLと自分自身の相互作用への気づき	CLと自身の一連の相互作用のなかで，反応に応じて関わり方を調整する視点を得ること
面接室のCLと日常のCLのつながりへの気づき	CLの言動を，面接室内のやりとりだけではなく，日常生活上のさまざまな出来事や変化との関連も含めて理解する視点を得ること
自身の位置づけや役割を俯瞰的に捉える視点への気づき	自身が提供している心理援助が，CLのどのような側面をどのような形で支える役割を担っているのか，一対一の関係性に囚われすぎず一歩引いて理解する視点を得ること
場全体を見立てるという視点への気づき	CLとCLを取り巻く様々な他者の関係性や状況などを，「場全体を見立てる」という1つのまとまりとして捉える視点を獲得すること
CL間の共通項とバリエーションを捉える視点への気づき	異なるCLを比較する際の軸となる共通項を捉える視点を得ることで，多様性をバリエーションとして，つながりをもって捉える視点を獲得すること
異なる領域における動き方の共通点・相違点への気づき	異なる領域における動き方の共通点と相違点を捉えることで，各領域における実践がつながりのあるものとして体験されるようになること
心理面接と他職種専門家との協働の共通項への気づき	心理面接と他職種専門家との協働に際して求められる，コミュニケーションの共通項を捉える視点を得ること
臨床と研究における視点のもち方のつながりへの気づき	今ある情報をわかりやすくまとめようと試行錯誤する視点のもち方が，臨床と研究に共通するものとして体験されること

　グループⅥの初学者11名において，このカテゴリに該当する語りが確認され，分類される概念も多様化していることが確認された。同時に，その多様化の程度には個人差が存在することも確認された。第4章にも述べた通り，このカテゴリに示される視点は，第2章にて心理援助職の発達の必須条件として示した「複雑さへの気づき（awareness of complexity）」（Skovholt & Rønnestad, 1992, 1995）や，「複雑さを捉えつないでいくこと」（村瀬，1990）にもつながりうる"芽"として理解することができ，心理援助職の成長にとって不可欠な実践知とも言えるものである。表5-6に，生成された「つなぎの視点」とその定義を再掲しておく。

　表5-6に示した視点のうち，上の3つは，第4章・第5章において確認された視点である。下の5つは，第5章において新たに追加された視点である。以下，語りの具体例の一部を示す。

学校がクライエントだっていう考え方を学んだかな。［…］校長が動いてくれないっていうのも問題維持のひとつにはなってるかもしれないけど，このクライエントさんと校長の関係……校長の動けなさみたいなところも含めてケースなんだから，そこと上手くやれるようにしなきゃいけないんだなって。クライエントさん本人だけじゃなくって，学校システム自体もクライエントさんだって。(I.21／〈場全体を見立てるという視点への気づき〉)

　　（集団で関わりをもつ場面において）アセスメントとか見立てっていう意味で，いろんな人が来るので，いろんな人を同時に比較できるので，それが役に立ってるかもしれないですね。1つの出来事に対する反応がそれぞれ違うので。危機的な状況とか，あとはまあ，運動の場面とかで，どういう風にグループのなかで振る舞うかであったりとか，失敗場面にどう反応するのかとか，人との関係において，どういう風な思いが働いてとか，こんなところで反応しやすいんだな，とか。(I.20／〈CL間の共通項とバリエーションを捉える視点への気づき〉)

　これらの語りの例には，CLの特定の言動にのみ焦点づけて理解しようとするのではなく，視野を広げて目の前の全体の状況を捉えようとする初学者の視点が反映されていると言えるだろう。
　既述の通り，この【個々の気づきや学びの「つなぎの視点」の獲得】というカテゴリは，初学者の学習の発展状況を示す指標となるカテゴリであると考えられ，今後もさらなる発展とデータ数の確保が見込まれるものである。本調査研究を通して得られた「つなぎの視点」は計8個のみであったが（表5-6），こうした視点がより多様化し，緻密かつ総合的に目の前の状況を捉えられるようになっていくことが，心理援助職に求められる成長であり，今後も継続的に求められる学習のポイントと言えるだろう。
　そして本章では，この「つなぎの視点」の多様化に際して，その前段階

である【複雑な事情に即した関わりとバランスの模索】が重要であることを指摘した。

> 自分の発言が曖昧になってる感じ。「複雑ですね」みたいに。今までだったら「嫌だったんですね」とか，もっと明確なことを言ってたと思うんですけど。最近は「これって嫌なことでもあり，でもちょっと良いこともあって……両方あって複雑な感じだったんですね」みたいな感じで。曖昧になってるっていうか，クライエントさんが出してきたものをそのまま返してるって感じかもしれないんですけど。私のなかで良い悪いを判断して返すってことはなくなったというか。(I.23／〈ごちゃごちゃしたものを削ぎ落とさない方法の模索〉)

こうした語りの例にも見られるように，【複雑な事情に即した関わりとバランスの模索】を通して，複雑さや曖昧さをそのまま扱えるようになることが，「つなぎの視点」の多様化の鍵となるだろう。

2. さらなる学習の発展に向けて

以上，本章では，第2ステージと第3ステージの共通点・相違点を整理し，①行き詰まった際には，第2ステージの学習のポイントに立ち戻って学習すること，②【複雑な事情に即した関わりとバランスの模索】を通して，複雑さや曖昧さをそのまま扱えるようになること，という2点の重要性を指摘した。そして，これら2点に留意しながら，「つなぎの視点」を獲得し多様化させることが，第3ステージの初学者に留まらず，心理援助職にとって，今後も継続的に求められる学習のポイントであることを提示した。

一方，調査研究の結果，第3ステージのほぼ全員の初学者が，【大学院での学びが通用しない戸惑い】を体験することが確認された（表5-5）。このカテゴリを構成する概念は，〈大学院で学習した理論や知識が役立たない〉〈面接以外の動きが求められるも上手く動けない〉〈他職種専門家との

協働の仕方がわからない〉〈各場面や各領域に応じた動きの使い分け方がわからない〉，という4つである（表5-2）。そして，このカテゴリに該当する語りが得られなかったのは，大学院在籍時と臨床心理士資格取得後の実践領域を大幅に変更していない2名（I.29, 35）のみであり，残りの14名全員からこのカテゴリに該当する語りが得られた。以上を踏まえると，このカテゴリは，臨床心理士として初めて現場に足を踏み入れた初学者が，「さまざまな現場に出向き，さまざまな他職種専門家との関わりのなかで，面接以外の動きをすること」を求められ，戸惑う様子を示すカテゴリであると理解できるだろう。そして，これは，単に初学者側の"学び方"の問題に起因するわけではなく，現行の臨床心理士指定大学院の教育・訓練において，協働に関する十分な指導が行われていないこと（第1章参照）にも起因するものと考えられる。

　こうした【大学院での学びが通用しない戸惑い】を抱えながら，初学者は，実際にどのように他職種との協働・関係構築を行っているのであろうか。そして，初学者がより良い協働・関係構築を行うためには，どのような学習が有用なのであろうか。次章では，こうした疑問について考えるべく，成長過程の第4ステージとして，協働・関係構築の技法について検討を深めることにする。

第6章
成長過程の第4ステージ
スクールカウンセリングと「協働・関係構築の技法」

　第5章では，臨床心理士としての臨床実務経験を通して，「初学者の学習プロセス」は，「知識や助言に依拠する学び」と「自身の感覚や判断に依拠する学び」を両輪として行きつ戻りつしながら進行すること，そのプロセスには個人差があることを実証的に示した。そして，臨床実務経験を積む段階，成長過程の第3ステージにおける学習のポイントを具体的に提示した。

　一方，第5章では，次に示す新たな疑問も提示された。【大学院での学びが通用しない戸惑い】を抱えながら，初学者は，実際にどのように他職種との協働・関係構築を行っているのであろうか。そして，初学者がより良い協働・関係構築を行うためには，どのような学習が有用なのであろうか。本章では，こうした新たな疑問をもとに，初学者の協働・関係構築の技法に着目する。

　初学者の協働・関係構築の技法に着目するにあたって，本章では小学校のスクールカウンセリングをフィールドに選定し，調査研究を実施した。協働・関係構築の技能は，学校現場に限定されず，医療・福祉・産業・司法などすべての領域において重要な技能である。そのなかで，学校領域，特に小学校にフィールドを限定した理由は，①初学者にも比較的開かれたフィールドであること，②中学校以上に協働・関係構築の難しさが存在することが想定されること，③参照できる先行研究の蓄積がほとんどないこと，という3点に大別できる。

　①わが国において，スクールカウンセラー（以下，SCと略記）関連事

業が開始されたのは1995年である。SC配置開始当初は，臨床経験を一定程度以上積んだ中堅ないしベテランの臨床心理士が派遣されることが多かったが，2001年以降，SC関連事業が文部科学省の補助事業として「制度化」（鵜養，2001）されるに伴い，必ずしも十分な臨床経験を積んでいない若手の臨床心理士にも，SCとして実践を積む機会が開かれるようになった。2008年には，文部科学省が国の方針として，新たに小学校にもSCを配置する方針を打ち出しており（文部科学省初等中等教育局，2008），ますますその傾向は加速している。こうした時代の流れに後押しされる形で，その是非は別として，学校現場は初学者にも比較的開かれたフィールドのひとつとなったと言えるだろう。

②一方，山本ほか（2012）は，文献研究を通して，教師が「学年団」としてさまざまな責任やリソースを共有するシステムがすでに構築されている中学校と比べ，小学校では，学級担任制ならではの担任教師にかかる責任や負担の大きさ，教師と子どもとの結びつきの強さに十分に配慮したうえでの関係構築が求められること，それゆえの難しさが存在することを指摘している。

③さらに，SC配置開始時期の違いから，既存の文献の多くが中学校を中心に蓄積されており，小学校をフィールドとした文献の蓄積は不十分である。加えて，既存の知見の多くが臨床経験を一定程度以上積んだ中堅ないしベテランSCによるものであり，若手SCのニーズに即した知見の蓄積が十分になされているとは言いがたい。たとえば，既存の文献において，「協働」の前提としての「関係作り」の重要性が繰り返し指摘されているものの，その具体的な方略や課題に焦点を当てた実証研究はほとんどなされていない。

以上を踏まえ，本研究では小学校をフィールドに調査研究を実施することにした。

では，実際に，小学校の若手SCはどのように教師との関係作りを行っているのだろうか。そして，若手SCに見られやすい特徴とはどのようなものであろうか。本章では，スクールカウンセリング場面における若手

SCの協働・関係構築に着目して，その仕組みを明らかにしていく。

はじめに，小学校の若手SCの協働・関係構築に関する調査研究を報告し，若手SCと教師の関係作りの方略を具体的に素描していきたい。その後，この調査研究の結果を分析しながら，協働・関係構築において若手SCに見られやすい特徴について具体的に検討していく。そして，心理援助職の成長過程の第4ステージ「協働・関係構築の技法」の習得のための学習のポイントについて，考えていくことにする。

1 −調査研究の概要

1. 目的

本研究では，学校現場での臨床経験が5年未満の若手SCについて，①小学校教師との関係作りの方略を実証的に示すこと，②協働・関係構築における若手SCの特徴を明らかにすること，を目的とした。

2. 方法

① 分析データ

本研究では，半構造化面接法を採用し，小学校の若手SC 9名から，面接を通して得られた語りを逐語録化したものをデータとした。面接は，X年7月〜X+2年1月に実施し，面接時間は1人あたり1〜1.5時間程度であった。

② 調査協力者と属性

本研究では，現在もしくは過去に小学校にSCとして勤務経験がある若手SC，計9名を調査協力者とした（表6-1）。調査協力者のなかには，中学校SC，高校SC，巡回型SCなど，小学校以外の学校現場で並行して実

表 6-1 調査協力者一覧

調査協力者 (I)	年齢	性別	小学校 SC 勤務年数	学校現場での臨床経験	ステップ
1	35	女	3 年目	中学校 SC	1
2	32	男	3 年目	中学校 SC	1
3	33	女	4 年目	中学校 SC	1
4	49	女	2 年目	中学校 SC	1
5	46	男	2 年目	中学校 SC・高校 SC	1
6	27	女	2 年目	なし	1
7	32	男	2 年目	巡回型 SC	2
8	31	男	1 年目	中学校 SC・巡回型 SC	2
9	28	女	3 年目	なし	2

践を積んでいる者も多く含まれたが，本研究では，学校現場での臨床経験が 5 年未満という上限を設けた。また，調査協力者の年齢には幅が見られたが，経験年数を基準に，一律に「若手 SC」と表現した。

③ 調査項目

面接前に記入してもらうフェイスシートには，①小学校 SC としての勤務年数，②学校現場での臨床経験，という 2 項目を設定した（表 6-1 参照）。

面接では，若手 SC が意識化していない関わりについても語りを収集したいという理由から，幅広く質問を行った。具体的には，まず最初に 1 日の主な活動内容を挙げていただき，子ども・保護者との面接，教師との情報交換など，1 つひとつの活動について具体的な事例を交えて語っていただいた。そして，「その活動において教師とはどのような関わりがあったか，あるいは，なかったか，その際の思いや判断基準はどのようなものであったか」といった視点から，教師との関係構築について質問を行った。そのうち本研究では，教師との関係構築に関連のある語りを分析の対象とした。

④ 分析方法

本研究では，グラウンデッド・セオリー・アプローチ（Strauss & Corbin,

1998［操・森岡＝訳，2004］）を援用して分析した。分析は，ステップ1 = I.1〜6，仮説生成段階，ステップ2 = I.7〜9，仮説確認段階の2段階に分けて行った。生成されたカテゴリは，概念の包括性の高い順に，カテゴリ・グループ，カテゴリ，下位カテゴリと呼ぶ。

　分析の視点①——得られたデータの特徴として，「先生にもよるんだけど（I.2）」など，教師といっても一括りにはできない個別性があることを示唆する語りが多く見られた。そして若手SCは，こうした教師の個別性を意識して各々の教師に対する印象・見立てを形成し，それにもとづき協働関係の築きやすさ／築きにくさを判断し，関わりを調整しているものと考えられた。本研究では，これを「協働関係の基本枠」と位置づけ（図6-1），分析に活用した。

　分析の視点②——得られた語りから，「中学校は学年で動いてるので担任はそんな強くないんですけど，小学校は担任がすごく強いので，とりあえず担任，駄目なら，管理職か養護教諭」（I.1）など，若手SCは，単に相手の個別性を意識するだけでなく，担任教師（以下，教師と略記）・養護教諭・管理職職員（以下，管理職と略記）の役職も意識して，関わりを使い分けている可能性が示唆された。そこで本研究では，教師・養護教諭・管理職の三者と若手SCの関係構築のあり方を区別して整理し，分析1・2・3として提示することとした。

　最終的に，教師・養護教諭・管理職の三者それぞれと若手SCの関係構築におけるSC側の工夫や困難について説明する仮説と，それを視覚的に表現するモデルを生成した。

3. 結果

　本項では，教師，養護教諭，管理職と若手SCの関わりの特徴について，分析1・2・3の結果を具体的に記述する。なお，以下の本文中では，カテゴリ・グループを【　　】，カテゴリを［　　］，下位カテゴリを〈　　〉で示す。

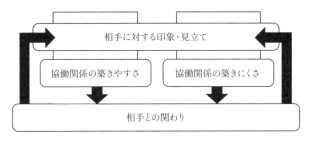

図 6-1　協働関係の基本枠

① **分析 1**──教師と若手 SC の関わりの特徴

分析 1 の結果，教師と若手 SC の関わりの特徴を示すカテゴリとして，表 6-2，6-3 が得られた。以下にその説明を行う。

協働関係の基本枠として説明した通り，若手 SC は，［SC の目に映る教師の特徴］や，教師の［SC への思い・理解］を手がかりに，【教師に対する印象・見立て】を形成し，協働関係の築きやすさ／築きにくさの判断を行う。具体的には，教師に対して，〈明るく活発な雰囲気〉〈話しやすい雰囲気〉〈SC に親和的〉などの印象・見立てを形成した場合には協働関係の築きやすさを実感し，〈とにかく忙しい〉〈馴染みにくい雰囲気〉〈SC に警戒心を抱く〉などの印象・見立てを形成した場合には，協働関係の築きにくさを実感する。そして，いずれの場合にも，［日常的なやりとりを大切にする］［研修の実施・相談室報の発行］など，多様な【関係構築のための工夫】を行いながら，1 人ひとりの教師に対する協働関係の築きやすさ／築きにくさの判断と修正を重ね，それぞれのタイプに応じた関係を構築していく。

それぞれのタイプに応じた関係とは，【情報共有を中心とした協働】【教師のニーズに応じた協働】【一定の距離を置いた協働】【積極的な関わりの減少】，という 4 つのタイプの関係の在り方を意味する。

【情報共有を中心とした協働】とは，若手 SC が教師に対して協働関係の築きやすさを実感した場合に構築される関係を指す。［積極的な情報交

表 6-2　教師と若手 SC との関わりの特徴 (1)

カテゴリ グループ	カテゴリ		下位カテゴリ
協働関係の 築きやすさ	教師に対する 印象・見立て	SC の目に映る教師の特徴	熱意がある
			明るく活発な雰囲気
			話しやすい雰囲気
		SC への思い・理解	SC に慣れる
			SC に親和的
			SC の役割を理解
			守秘義務に対する理解
協働関係の 築きにくさ	教師に対する 印象・見立て	SC の目に映る教師の特徴	とにかく忙しい
			馴染みにくい雰囲気
			意見を言いにくい雰囲気
			問題を抱え込みやすい
		SC への思い・理解	SC に慣れない
			SC に警戒心を抱く
			SC の役割を誤解
			守秘義務に対する抵抗感
SC 自身の 実感・思い	手応えの実感	手応えを得る	教師に慣れる
			接し方・タイミングがつかめる
			教師に伝わる情報提供ができる
			教師のキャラクターがつかめる
		教師との関係構築の 意義を実感する	SC に親和的な教師から順に関係作りを試みる
			教師とのやりとりは大切
	無力さの実感	自信を失う	教師に慣れない
			接し方・タイミングがつかめない
			教師に伝わる情報提供ができない
			教師のキャラクターがつかめない
		特定の教師との関係 構築を諦める	無理に全ての教師に SC を浸透させる必要はない
			理解されないときはやりづらい
			理解してもらうことを諦める

表 6-2 教師と若手 SC との関わりの特徴 (1)（つづき）

関係構築に影響を及ぼす要因	関係構築のための工夫	日常的なやりとりを大切にする	自分から積極的に声をかける
			なるべく多くの教師と一言は話す
			雑談を大切にする
			教師への事前連絡・意向確認を怠らない
			教師の忙しさに配慮しつつ声をかける
		研修の実施・相談室報の発行	SC 活動の実績報告
			SC 活動の内容と意義の説明
			守秘義務への理解を求める
			関係構築の機会として活かす
		エンパワーメント	教師の良さを見つけて伝える
			教師が誇りに思っているところを聴く
		情報共有を重視する	集団守秘義務としての情報共有を重視する
		伝わりやすい情報提供を心がける	具体的な対応を明示する
			情報提供用のシートを活用する
		教師の他者理解に役立つ情報提供を心がける	SC の見立てを補足する
	関係構築を支える要因	時間と経験	時間が経過する
			SC としての経験を蓄積する
		SC の浸透	SC の役割や活動の意義を知る
			SC の関わりの有効性を実感する
	関係構築を阻む要因	情報共有の限定	守秘義務を意識して情報を選択する
			事細かくは話さない
			教師には伝えない
			ポイントを整理して限定的に伝える
			教師に伝える前に校長の判断を仰ぐ
			SC としての立場をわきまえて立ち入らない
	関係構築を変化させる要因	人事異動	人事異動に影響を受ける

表 6-3 教師と若手 SC との関わりの特徴 (2)

カテゴリ グループ	カテゴリ	下位カテゴリ	
教師とSCの関わり	情報共有を中心とした協働	積極的な情報交換	子どもに関する情報交換	双方
			保護者に関する情報交換	
		理解・方針の共有	今後の方針についての話し合い	双方
			SC の見解を尋ねる	教師
			教師の話をもとにアセスメントする	SC
			SC の見立てを伝える	
		役割を分担する	授業観察の依頼	教師
			子どもを SC につなぐ	
			保護者を SC につなぐ	
			保護者をつないでもらう	SC
	教師のニーズに応じた協働	より密な情報交換	子どもに関する情報交換	双方
			保護者に関する情報交換	
		理解・方針の共有	今後の方針についての話し合い	双方
			SC の見解を尋ねる	教師
			教師の話をもとにアセスメントする	SC
			SC の見立てを伝える	
		役割を分担する	授業観察の依頼	教師
			子どもを SC につなぐ	
			保護者を SC につなぐ	
			保護者をつないでもらう	SC
		教師から SC への相談	子ども対応の相談	教師
			保護者対応の相談	
			教師としての自分に関する相談	
			教師間の人間関係についての相談	
			プライベートについての相談	
		SC から教師へのサポート	子ども対応への助言	SC
			保護者対応への助言	
			SC の対応を紹介	
			心理面接的関わり	
			話を聴く	
			解決策を共に考える	

表6-3　教師と若手SCとの関わりの特徴（2）（つづき）

教師とSCの関わり	一定の距離を置いた協働	必要最低限の情報交換	自ら情報提供はしない	教師
			聞かれたことには答える	SC
		踏み込みすぎない関わり	基本的には相談しない	教師
			よほど困れば相談する	
			授業観察を暗に拒む	
			無理には近づかない	SC
			教師の抵抗感に配慮する	
	積極的な関わりの減少	積極的な関わりの減少	SCの対応を不信に思う	教師
			教師とほとんど話せない	SC

換］［理解・方針の共有］［役割を分担する］といった関わりを中心とした関係であり，【教師のニーズに応じた協働】の基盤となるものである。その後，若手SCは，〈教師のキャラクターがつかめる〉〈接し方・タイミングがつかめる〉などの［手応えの実感］を蓄積することで，教師との関わりを【教師のニーズに応じた協働】関係へと発展させていく。【教師のニーズに応じた協働】においては，［より密な情報交換］［理解・方針の共有］［役割を分担する］［教師からSCへの相談］［SCから教師へのサポート］といった関わりが中心となる。

　一方，関係構築のための工夫を試みるもうまくいかず，教師に対して協働関係の築きにくさを実感した場合，若手SCは教師との間に【一定の距離を置いた協働】関係を構築する。【一定の距離を置いた協働】とは，［必要最低限の情報交換］や，［踏み込みすぎない関わり］を中心とした関係を指す。そして，こうした関係は，その後【積極的な関わりの減少】へとつながっていく。もちろん，一旦【一定の距離を置いた協働】関係を構築した場合にも，若手SCが諦めることなく【関係構築のための工夫】を重ねることで，次第に教師との関係を深めていけることも少なくない。しかし，本研究では，若手SCが繰り返される【無力さの実感】から自信を失い，特定の教師との関係構築を諦め，【積極的な関わりを減少】させている状況が少なからず存在することが示された。

以上の通り，若手 SC が，同じように関係構築のための工夫を重ねた場合であっても，その工夫が活きる場合と行き詰まる場合がある。それを左右する要因として，【関係構築を支える要因】【関係構築を阻む要因】【関係構築を変化させる要因】，という 3 つの要因が見出された。

　【関係構築を支える要因】としては，［時間と経験］［SC の浸透］という 2 点が挙げられた。これらは，若手 SC が，必ずしも最初から「この場合はこうすればよい」といった見立てや知識に基づき自身の言動を選択しているわけではなく，手探りで関わるなか，徐々に関係が構築されていく体験をしていることを示唆するものである。

　【関係構築を阻む要因】としては，〈守秘義務を意識して情報を選択する〉など，［情報共有の限定］が挙げられた。このことは，若手 SC が自身の専門性や役割を意識し，「こうするべき」という思いを強めた際，時にそれが関係構築の妨げにもなりうることを意味すると考えられる。つまり，若手 SC は，必ずしもいつも専門性をうまく活かせるわけではなく，専門性を意識せず自分らしく試行錯誤するなかで偶発的に関係構築が促進されたり，逆に専門性を意識しすぎることで関係構築が阻害されたりする様子が示されたと言える。

　また，関係構築を支えることも阻むこともある【関係構築を変化させる要因】としては，教師の［人事異動］が挙げられた。このことは，若手 SC の行う工夫が活きるかどうかは教師の個性にも左右されること，それゆえに，良くも悪くも，教師との協働関係の在り方が，教師の［人事異動］に影響を受けることを示すものと考えられた。

　以上が，教師と若手 SC の関わりの特徴である。これらの特徴を図 6-2 に示す。

② 分析 2 ── 養護教諭と若手 SC の関わりの特徴

　分析 2 の結果，養護教諭と若手 SC の関わりの特徴を示すカテゴリとして表 6-4 が得られた。以下にその説明を行う。

　協働関係の基本枠として説明した通り，若手 SC は，［SC の目に映る養

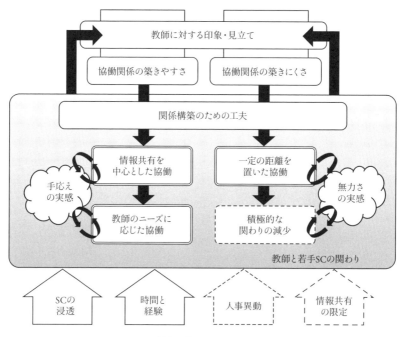

図 6-2　教師と若手 SC の関わりの特徴

護教諭の特徴］や，養護教諭の［SC への思い・理解］を手がかりに，【養護教諭に対する印象・見立て】を形成し，協働関係の築きやすさ／築きにくさの判断を行う。具体的には，〈子どもの体にも心にも気を配っている〉〈教員からの信頼が厚い〉〈SC の仕事を理解してくれている〉などと感じた場合には協働関係の築きやすさを実感し，〈忙しそうにしている〉〈怪我の処置等実務中心〉〈SC への期待が小さい〉などと感じた場合には，協働関係の築きにくさを実感する。そして，いずれの場合にも，［日常的なやりとりを大切にする］などの【関係構築のための工夫】を行いながら，養護教諭に対する協働関係の築きやすさ／築きにくさの判断と修正を重ね，それに応じた関係を構築していく。このとき，若手 SC は，自身と教師との関係を重要なひとつの判断基準として，養護教諭にキーパーソン的役割

第 6 章──成長過程の第 4 ステージ　179

表 6-4 養護教諭と若手 SC の関わりの特徴

カテゴリグループ		カテゴリ	下位カテゴリ	
協働関係の築きやすさ	養護教諭に対する印象・見立て	SC の目に映る養護教諭の特徴	子どもの体にも心にも気を配っている	
			子どもに慕われている	
			教員からの信頼が厚い	
			他の教員とは違う視点を持っている	
		SC への思い・理解	SC への期待が大きい	
			SC の仕事を理解	
協働関係の築きにくさ	養護教諭に対する印象・見立て	SC の目に映る養護教諭の特徴	忙しそうにしている	
			怪我の処置等実務中心	
		SC への思い・理解	SC への期待が小さい	
			SC の仕事を限定的に理解	
SC 自身の実感・思い	養護教諭の位置づけを検討する	キーパーソン的役割を期待する	キーパーソンとしての役割を期待する	
		キーパーソン的役割を期待しない	キーパーソンとしての役割を期待しない	
関係構築に影響を及ぼす要因	関係構築のための工夫	日常的なやりとりを大切にする	自分から積極的に声をかける	
			雑談を大切にする	
			雑務を手伝う	
	関係構築を変化させる要因	担任教師との関係	担任教師との関係が良好な場合は担任教師を中心にやりとりする	
			担任教師との関係が良好でない場合は養護教諭を中心にやりとりする	
		人事異動	人事異動に影響を受ける	
養護教諭と SC の関わり	キーパーソンと位置づけた協働	多様な情報交換	子どもに関する情報交換	双方
			保護者に関する情報交換	
			担任教師に関する情報提供	養教
			学校の事情に関する情報提供	
		理解・方針の共有	今後の方針についての話し合い	双方
		役割を分担する	授業観察の依頼	養教
			子どもを SC につなぐ	
			保護者を SC につなぐ	
		養護教諭から SC への相談	自身の対応についての相談	養教
		SC から養護教諭へのサポート	対応への助言	SC
			心理面接的対応	

表 6-4　養護教諭と若手 SC の関わりの特徴（つづき）

養護教諭とSCの関わり	キーパーソンと位置づけた協働	SCから養護教諭への相談	自身の対応についての相談	SC
		養護教諭からSC活動へのサポート	SCの対応を肯定	養教
			教師へのSC理解を深める	
	チームの一員と位置づけた協働	要所での情報交換【必要な情報は提供してくれるという信頼にもとづく】	子どもに関する情報交換	双方
			保護者に関する情報交換	
			担任教師に関する情報提供	養教
			学校の事情に関する情報提供	
		役割を分担する	子どもをSCにつなぐ	養教
	教職員の一人と位置づけた協働	必要に応じた情報交換	子どもに関する情報交換	双方
		役割を分担する	子どもをSCにつなぐ	養教

を期待するか期待しないかという養護教諭の位置づけを検討している点に特徴がある。そのうえで，若手 SC は養護教諭との間に，養護教諭を【キーパーソンと位置づけた協働】【チームの一員と位置づけた協働】【教職員の一人と位置づけた協働】，という 3 つの異なるタイプの関係を構築する。

　具体的には，養護教諭に対して協働関係の築きやすさを実感した場合，かつ，［担任教師との関係］が良好でない場合には，若手 SC は，〈担任教師との関係が良好でない場合は養護教諭を中心にやりとりする〉という判断の下，養護教諭を【キーパーソンと位置づけた協働】関係を構築する。このタイプの協働関係においては，養護教諭・SC 双方が互いに密に相談・サポートし合う関係が構築される。

　また，養護教諭に対して協働関係の築きやすさを実感し，かつ，［担任教師との関係］も良好である場合，あるいは，良好な関係へと変化した場合，若手 SC は，〈担任教師との関係が良好な場合は担任教師を中心にやりとりする〉という判断の下，養護教諭を【チームの一員と位置づけた協働】関係を構築する。このタイプの協働関係においては，［要所での情報交換］や［役割を分担する］ことが中心となる。これは，「必要な情報は提供してくれるという信頼」を基盤としつつ，若手 SC が，養護教諭のみに頼ら

ずとも，教師をはじめ，多方面から情報を得たり相談したりできる関係が構築されている場合に築かれる協働関係である。

一方，養護教諭に対して協働関係の築きにくさを実感した場合には，若手 SC は，養護教諭を【教職員の一人と位置づけた協働】関係を構築する。この場合，若手 SC は，養護教諭に【キーパーソン的役割を期待しない】選択をしており，［必要に応じた情報交換］［役割を分担する］など，養護教諭を特別視しない関係を構築している。

以上の通り，養護教諭と若手 SC の関わりは，［担任教師との関係］の在り方に大きく影響を受ける。加えて，得られた結果からは，養護教諭の［人事異動］も【関係構築を変化させる要因】であることが示された。このことは，養護教諭と若手 SC の関わりは，養護教諭の個性にも左右されうることを示すものと考えられた。

以上が，養護教諭と若手 SC の関わりの特徴である。これらの特徴を図 6-3 に示す。

③ **分析 3**——管理職と若手 SC の関わりの特徴

分析 3 の結果，管理職と若手 SC の関わりの特徴を示すカテゴリとして表 6-5 が得られた。以下にその説明を行う。

協働関係の基本枠として説明した通り，若手 SC は，［SC の目に映る管理職の特徴］を手がかりに，【管理職に対する印象・見立て】を形成し，協働関係の築きやすさ／築きにくさの判断を行う。具体的には，〈子どもに直接関わる〉〈問題を抱え込まない雰囲気〉などと感じた場合には協働関係の築きやすさを実感し，〈実務中心〉〈忙しそうにしている〉などと感じた場合には協働関係の築きにくさを実感する。

一方，どのようなタイプの管理職に関わる場合にも，若手 SC は，〈学校の全体像を理解するには管理職との連携が必要不可欠〉など，［管理職との連携の重要性を意識］している。それゆえに，管理職に対しては一貫して，［情報共有］［対応の依頼］［報告］［相談］など，積極的に関与することが示された。

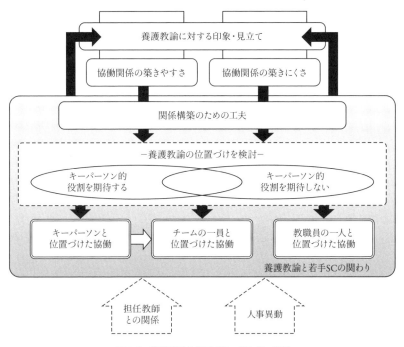

図 6-3　養護教諭と若手 SC の関わりの特徴

　対して，管理職から若手 SC への関わりは，〈能動的に関与〉する場合と，〈受動的に関与〉する場合に分けられる。〈能動的に関与〉する場合，管理職から若手 SC への関わりとしては，積極的な［情報共有］や［理解・方針の共有］［SC 活動へのサポート］［役割を分担する］などが挙げられた。一方，〈受動的に関与〉する場合，管理職から若手 SC に対して，積極的な関わりはほとんどなされないこともある。ただしその場合にも，管理職は，若手 SC からの積極的な関与に応える形で，［情報共有］［理解・方針の共有］［SC 活動へのサポート］［役割を分担する］などの関わりを行うようになる。つまり，どのようなタイプの管理職であっても，若手 SC は管理職に〈積極的に関与〉し，そうした関わりに呼応する形で，管理職も若手 SC に対して一定の関わりを行う。そして結果的には，若手 SC と管

表 6-5　養護教諭と若手 SC の関わりの特徴

	カテゴリグループ	カテゴリ	下位カテゴリ	
協働関係の築きやすさ	管理職に対する印象・見立て	SC の目に映る管理職の特徴	子どもに直接関わる	
			発達障碍に関する知識がある	
			相談に乗るのが上手	
			問題を抱え込まない雰囲気	
協働関係の築きにくさ	管理職に対する印象・見立て	SC の目に映る管理職の特徴	実務中心	
			忙しそうにしている	
			細かくやりとりする時間はない	
SC 自身の実感・思い	SC 自身の実感	管理職との連携の重要性を意識する	学校の全体像を理解するには管理職との連携が必要不可欠	
			どんなタイプの管理職であれ連携は必要不可欠	
			管理職のタイプにより学校は大きく異なる	
			管理職と連携できて初めて学校が変わる	
			難しい問題の対応においては管理職の力が必要なこともある	
関係構築に影響を及ぼす要因	関係構築を変化させる要因	人事異動	人事異動に影響を受ける	
管理職とSC の関わり	働きかけの在り方	協働関係の築きやすい管理職から SC への関わり	能動的に関与	管理職
		協働関係の築きにくい管理職から SC への関わり	受動的に関与	
		SC から管理職への関わり	積極的に関与	SC
	一定の協働関係	情報共有	子どもの情報提供	管理職
			学校の状況説明	
		理解・方針の共有	SC の見解を尋ねる	
		SC 活動へのサポート	SC 活動への指示・助言	
			教師への SC 理解を深める	
			難しい問題対応への介入	
			SC の対応を肯定	
		役割を分担する	教師へのコンサルテーション	
			研修の依頼	

表 6-5　養護教諭と若手 SC の関わりの特徴（つづき）

管理職と SC の関わり	一定の協働関係	情報共有	子どもの情報提供依頼	SC
			学校の情報提供依頼	
			子どもの情報提供	
			保護者の情報提供	
		理解・方針の共有	SC の見立てを伝える	
		対応の依頼	問題対応の依頼	
			対応の指示を仰ぐ	
		報告	大きな問題は必ず報告	
			重要な情報を取捨選択して報告	
			SC の 1 日の活動の業務報告	
		相談	対応についての相談	
			教師との関係についての相談	
			相談室運営についての相談	

理職の間では【一定の協働関係】が構築されることが明らかとなった。

ただし、管理職との関係においても、管理職の［人事異動］には大きく影響を受ける。このことは、管理職と若手 SC は、言動レベルでは一定の関係を構築する一方、若手 SC の意識としては、管理職の個性に左右される体験をしていることを示唆すると考えられた。

以上が、管理職と若手 SC の関わりの特徴である。これらの特徴を図 6-4 に示す。

④ 若手 SC の特徴

続いて、既存の研究で示された知見と本研究で得られた知見の比較を通して、協働・関係構築における若手 SC の特徴について検討する。

本章冒頭にも述べた通り、SC 配置開始当初は、臨床経験を一定程度以上積んだ中堅ないしベテランの臨床心理士が SC として派遣されることが多く、研究も、中堅ないしベテランの SC を対象としたものを中心に蓄積されてきた。ゆえに、既存の研究で示された知見と本研究で得られた知見を比較することは、協働・関係構築における若手 SC の特徴を浮き彫りに

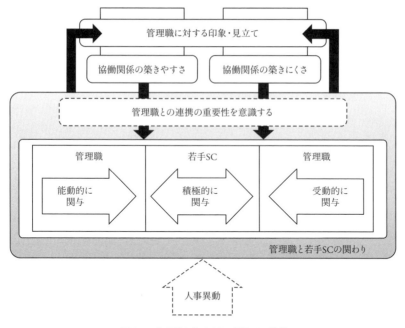

図 6-4　管理職と若手 SC の関わりの特徴

するうえで有用と判断した。

(1) 若手 SC の揺らぎやすさと専門性の活かしきれなさ
　はじめに，教師との関わりのなかで見られる若手 SC の特徴に着目する（分析 1）。分析 1 では，若手 SC が，教師の反応に一喜一憂しやすいがゆえの揺らぎやすさを抱えていることが示された。具体的には，若手 SC が教師との関わりに手応えを実感した際には，それが関係構築の強い原動力になりうること，反対に，無力さを実感した際には，それが特定の教師との関係構築を断念させるほどに強い阻害要因になりうることが示された。これまでにも，教師と SC の関係構築においては，価値観や専門性の相違，時間的制約，守秘義務の問題など，さまざまな課題の存在が指摘されてお

り（たとえば，伊藤，2000；吉澤・古橋，2009；佐藤，2006），SC は揺らぎながら教師との関係を深めてきたことが報告されている。しかし，そうした揺らぎが，特定の教師との関係構築自体を断念させるほどに深刻化したという報告はほとんどなされていない。つまり，分析 1 で示されたような，時に教師との関係構築を断念させるほどに振れ幅の大きい揺らぎやすさは，若手 SC に見られやすい特徴のひとつと考えられるだろう。

また，分析 1 の結果，若手 SC は，専門性を意識せず自分らしく試行錯誤するなかで偶発的に教師との関係構築が促進されたり，専門性を意識しすぎることでかえって関係構築が阻害されたりするなど，教師との関係構築において，必ずしも専門性を上手く活かせているわけではないという特徴が示された。SC の専門性の活かし方については，「教師らが問題解決を心の専門家に丸投げしようとする傾向には注意が必要」という指摘がなされるなど（たとえば，菅野・元永（2005）），これまでにも多角的な議論が展開されてきた。しかし，分析 1 で示されたような，力量不足・経験不足など SC 側の要因による専門性の活かしきれなさについては，吉村（2012）を除き，ほとんど議論がなされていない。吉村（2012）は，「SC と教員の関わりの生じにくさが学校側の要因と関係が深い場合にも，比較的 SC 経験が短い SC の場合は，自分自身の経験や力量のなさといった自責的な原因帰属を行い居心地の悪さを体験していた」という結果を報告している。この報告からもわかるように，分析 1 で示された，SC 側の要因としての専門性の活かしきれなさは，若手 SC に見られやすいもう 1 つの特徴と言えるだろう。

以上，分析 1 の結果，若手 SC の特徴として，揺らぎやすさと専門性の活かしきれなさが挙げられた。本知見は，第 5 章で示した調査研究の結果にも通じるものと考えられる。第 5 章では，臨床心理士資格取得後 5 年未満の初学者が，【経験に伴う小さな自信の蓄積】に支えられつつも，【大学院での学びが通用しない戸惑い】と【専門家として未熟な自分」の感覚や判断の信頼できなさ】の間で揺れ動く様子を提示した。そして，【大学院での学びが通用しない戸惑い】とは，「さまざまな現場に出向き，さま

ざまな他職種専門家との関わりのなかで，面接以外の動きをすること」を求められた際に特に強まりやすい体験であることを指摘した。分析1の知見は，こうした初学者の成長過程に見られる揺れ動きが，教師との協働・関係構築の場面においても，若手SCの揺らぎやすさや専門性の活かしきれなさといった特徴として表れうることを示したものと言えるだろう。

　一方，養護教諭や管理職との関わりのなかで見られる若手SCの特徴に着目すると（分析2・3），揺らぎやすさや専門性の活かしきれなさといった特徴は，いずれの対象者との関係においても確認されなかった。これは，若手SCの揺らぎやすさや専門性の活かしきれなさといった特徴が，初学者の成長過程に見られる揺れ動き（第5章）の表れとしてのみ理解できるわけではなく，協働対象者別の関係性の特質によっても規定されうることを示唆するものと考えられた。そこで，次項では，協働対象者別に関係性の特質について検討し，それぞれの関係性の特質と若手SCの特徴の関連について検証する。

(2) 協働対象者別の関係性の特質
[1] 教師との関係性の特質
　はじめに，教師との関係性の特質について検討する。分析1の結果，若手SCは，教師との関わりにおいては，声のかけ方や関与度，タイミングなどを慎重に選択し，1人ひとりの教師のニーズに細やかに沿えることを重視することが明らかとなった。こうした細やかな配慮や工夫の背景には，小学校独自の文化としての学級担任制があると考えられる。子どもたちが多くの時間を一人の教師の下で過ごす小学校においては，教師しか知りえない情報が多く，SCが子どものことを理解するうえで，教師との密なやりとりが不可欠となる。一方，既述の通り，教師が学年団としてさまざまな責任やリソースを共有するシステムがすでに構築されている中学校と比べ，小学校では，学級担任制ならではの教師にかかる責任や負担の大きさ，子どもとの結びつきの強さに十分に配慮したうえでの関係構築が求められる。つまり，小学校においては，教師との関係を深める努力と踏み込みす

ぎない配慮が同時に求められており，こうしたことを，若手SCは意識的あるいは感覚的にキャッチしつつ，細やかな配慮や工夫を重ねていると考えられた。

[2] 養護教諭との関係性の特質

続いて，養護教諭との関係性の特質について検討する。分析2の結果，若手SCは，養護教諭との関係においては必ずしも一対一の関係を深めることを重視せず，担任教師と自身の関係性も踏まえて情報共有の程度を調整できる関係を重視していることが明らかとなった。養護教諭に対して，キーパーソンとして密に情報共有を行える役割を期待することもあれば，要所での情報共有が可能になるよう，信頼関係の構築を重視することもある。いずれにしても，若手SC側が，自身のニーズや状況に応じて柔軟に養護教諭の位置づけを変化させている点に特徴があると言えるだろう。先行研究においても，スムーズに連携が進まない状況においては，キーパーソンを探し，できるところからの連携をせざるをえないという指摘がなされている（齋藤ほか，2009）。本研究で得られた結果からは，若手SCは多くの場合，養護教諭をキーパーソンと位置づける可能性が示唆されたと言えるだろう。

[3] 管理職との関係性の特質

最後に，管理職との関係性の特質について検討する。分析3の結果，若手SCは，管理職との関係を深めることや信頼関係を構築すること以上に，大きな問題はきちんと共有する，という組織のトップとしての管理職の役割を重視した関係を構築することが明らかとなった。言い換えると，若手SCは，管理職を対象とした際には，問題の重要度を判断基準として，ある意味シンプルに関わりを選択する点に特徴があると言えるだろう。

[4] 各協働対象者との関係性の特質の比較・検討

以上のように，若手SCは，教師を対象とした際には相手のニーズに応

じた関わりを重視し，養護教諭を対象とした際には自身のニーズや状況に応じた関わりを重視する。そして，管理職を対象とした際には問題の重要度に応じた関わりを重視する。つまり，若手SCは，教師との関わりにおいては，自身が相手のニーズに対応する立場を取ることが多いのに対し，養護教諭や管理職との関わりにおいては，自身のニーズや判断に対応してもらう立場を取ることが多い。若手SCの揺らぎやすさや専門性の活かしきれなさといった特徴が，教師との関係においてのみ顕在化した背景には，このように相手のニーズに対応する力が問われやすい教師との関係性の特質も，少なからず関係していると言えるだろう。

　視点を換えると，若手SCは，各々の対象者と異なるレベルで異なる質の関係を構築することで，初学者の成長過程に見られる揺れ動き（第5章参照）が，協働・関係構築に影響を及ぼす範囲を最小限に留めていると理解することもできる。「中学校は学年で動いてるので担任はそんな強くないんですけど，小学校は担任がすごく強いので，とりあえず担任，駄目なら，管理職か養護教諭」(I.1)という発言にも示される通り，若手SCにとって，教師・養護教諭・管理職のそれぞれと異なる関係を構築しておくことは，何らかの事情で特定の教師との関係構築が行き詰まった場合にも，別ルートで情報を補うことを可能にしてくれる重要な方略である。本項では，こうした工夫が，結果的に，初学者が一対一の関係に囚われ身動きが取れなくなることを予防し，若手SCの揺らぎやすさや専門性の活かしきれなさといった特徴を和らげるものとして機能することが示されたと言えるだろう。

＊

　以上，協働・関係構築における若手SCの特徴について検討した。分析の結果，若手SCの特徴としては，揺らぎやすさと専門性の活かしきれなさが挙げられた。そして，そうした特徴は，初学者の成長過程に見られる揺れ動き（第5章参照）の表れであること，ただし，その表れ方は協働対象者別の関係性の特質によっても規定されることが実証的に示された。

次節では，調査研究から得られた知見を参考に，成長過程の第4ステージ，協働・関係構築のための学習のポイントを整理する。

2 – 成長過程の第4ステージにおける学習のポイント
――より良い協働・関係構築のために

1. 第4ステージにおける学習のポイント

　調査研究の結果，若手SCの特徴として，揺らぎやすさと専門性の活かしきれなさが挙げられた。そして，そうした特徴は，初学者の成長過程に見られる揺れ動きの表れであること，その表れ方は協働対象者別の関係性の特質によっても規定されることが実証的に示された。得られた知見から，若手SCが協働・関係構築を行うにあたっては，①成長過程に見られる揺れ動きから脱し，【「現時点での自分」の感覚や判断の信頼と活用】の段階へと学びを進めること（第5章参照），②協働対象者との一対一の関係性に囚われすぎず，全体の事情のなかで必要な情報を補える関係性を構築すること，という2点が学習のポイントとなると言えるだろう。

　1点目のポイントは，他職種との協働・関係構築に際しても，第3ステージで提示した学習のポイントが有用であることを改めて示すものであろう。そして，2点目のポイントは，初学者が目の前の事情を，視野を広く捉える視点を獲得することを意味する。これは，第4・5章の調査研究にて生成された，【個々の気づきや学びの「つなぎの視点」の獲得】というカテゴリに通ずるものと考えられるだろう。そして，第5章では，こうした「つなぎの視点」を獲得し多様化させていくことが，特定の段階の初学者に限らず，心理援助職に継続的に求められる学習のポイントとして示された。本章で示した調査研究の結果は，こうした視点の獲得が，単に心理援助職の成長を支えるだけでなく，より良い協働・関係構築を行ううえでも有用であることを裏づけるものと言えるだろう。

　この点について，第5章で示した調査研究の結果に改めて目を向けると，興味深い語りが確認された。

形あるものにすがらない、みたいな感じかな。[…] やっぱ「具体的にバッて動かすほうがすごい！」ってなるじゃないですか。でもそうじゃなくって。それができてたら、とっくに誰かがしてると思うし、そういうことではない。もっと微妙なところで、たとえば機会を窺うとか、ダメそうならちょっと引っ込めるみたいなのって、すごく小さく見えるし、見方によっては意味ないってなると思うんですけど。それを、やりとりのなかで、意味あるものですよねって共有できると、「次やろうかな」って意欲も湧いてくると思うし。で、ちょっとしたずれとか、微妙な表情とかも、注目しなければ流れていっちゃうものだと思うんですけど、それが大事だったり。[…] 急いでいると見落としちゃうものとか、そういうのを拾って、膨らませるなり、言い換えるなり、そういうことが学校のコンサルテーション的なところでも、言語面接でも、プレイセラピーでも、大事なのかなっていう風に思います。(I.22／〈心理面接と他職種専門家との協働の共通項への気づき〉)

例示した語りは、【個々の気づきや学びの「つなぎの視点」の獲得】のひとつとして得られた、〈心理面接と他職種専門家との協働の共通項への気づき〉という概念に分類されたものである（第5章参照）。この概念に該当する記述が確認された初学者は2名のみであったが (I.22, 35)、こうした視点の獲得が、協働・関係構築を行うにあたって有用であることはたしかであろう。

このように考えると、協働・関係構築のための学習のポイントは、第3ステージ、ひいては第2ステージにて提示した学習のポイントを押さえて学びを進めることであると言えるだろう。

2. 初学者に求められる協働・関係構築

以上、協働・関係構築のための学習のポイントについて述べた。「協働」

とは，もともと英語の"collaboration"の訳語で「協力して働くこと」を意味する（亀口，2002）。さらに，異なる専門性をもつ人々や機関が目標とリソースを共有して，それぞれの立場から意見を出し合って継続的に対話しながら物事を実行していくこと，またその活動を通じて互いの専門性の向上や新たな援助方法を生み出していくことを指す（宇留田，2003）。渋沢田（2002）によると，「協働」がその他の関連概念と異なる点は，「目標と業務を一緒に計画すること」にある。Hayes（2001）は，協働の本質的要素として，相互性，目的の共有，リソースの共有，見通しをもつこと，対話の発展，という5点を挙げている。つまり，協働対象者と対等に双方向的にやりとりしながら，より良い実践を共に模索し，発展させていくことが重要と言える。

　このように考えると，本章の調査研究で提示した若手SCの関係構築の在り方は，「協働」と呼べるかどうかは不明である。ただし，協働対象者との関係性は，最初から一定の特徴を有するものではなく，変化・発展するものと考えられる。第3章の調査研究においても，学生が，教師やボランティアなどの他者の位置づけを，手がかりを得る対象者や互いに学び合う対象者から理解を深める対象者へと変化させている様子が確認された。また，本章で示した調査研究の結果からも，若手SCが，協働対象者との関係性を変化・発展させている様子が実証的に示された。

　以上を踏まえると，初学者が他職種との協働・関係構築に取り組む際には，「協働」という言葉に囚われすぎることなく，まずは相手から手がかりを得ることに着手し，協働・関係構築の"土台作り"に丁寧に取り組むことが重要と言えるのではないだろうか。第3章では，優れた実践を行っている確証のないボランティア仲間からも積極的に手がかりを得ている学生ほど，学びを発展させていることが確認され，第4・5章では，排他的に学習対象を限定することなく，まずは自分で感じ考えることを大切に，学びを進めることの重要性が示された。協働・関係構築の"土台作り"においては，まずは自分で感じ考えることを大切に，協働対象者から多様な手がかりを積極的に求めることが重要になると言えよう。

結論

心理援助職における「成長の最近接領域」

　冒頭に述べたように，本書の出発点となる問いは，「自分は何を学んできたのか。そして何を学べていないのか。そもそも心理援助職の初学者に求められる学びとはどのようなものか」というものであった。ここでは，各章で得られた知見を整理して提示することでこの問いに応えつつ，本書の結論に代えることにする。

　第1部では，先行研究の概観をもとに，上記の問いの答えを求めた。

　第1章では，「臨床心理学」の学問的特徴を，歴史的発展と構造的特徴という2つの視点から整理した。そして，臨床心理学とは，現在進行形で発展中の学問であると同時に，①科学性と実践性を統合すること（科学者－実践者モデル），②専門活動として認められること（生物－心理－社会モデル），③より役に立つ心理療法を探究しつづけること（統合の動き），という3つの課題を同時に抱える学問であることを提示した。また，これら3つの課題について欧米と日本の臨床心理学を比較・検討したところ，日本の臨床心理学は，欧米とは異なる形で発展していることが確認された。具体的には，①科学性と実践性を統合すること（科学者－実践者モデル）という課題に関して，教育の理念としては「科学者－実践者モデル」を採用しつつも，実態としては Practitioner Model をベースに発展していることが確認された。また，②専門活動として認められること（生物－心理－社

会モデル)という課題に関しては,その重要性が十分に認識されているとは言いがたい現状が示された。そして,③より役に立つ心理療法を探究しつづけること(統合の動き)という課題に関しては,現在では限られた範囲の関心に限られていること(中釜,2010)が,日本独自の特徴として示された。ただし,日本独自の事情に即した臨床心理学の発展の軌跡もわずかながら確認されていることから,欧米との同化を急ぎすぎず,日本の文化や風土に根ざした臨床心理学の発展と成熟を目指すことが重要と考えられた。

またそれゆえに初学者は,こうした臨床心理学という学問そのものの流動性や不確定性を前提に,その最新の動向も踏まえつつ,「今学習している知識が,全体のなかではどのように位置づけられるのか」ということを意識しながら学びを進めることが重要であると指摘した。そして,第1章で示した整理が学問の全体像を捉えるうえでの一助となる可能性を示した。

第2章では,心理援助職の技能的発達に関する研究について,欧米と日本の知見を区別して整理し,各々の特徴や共通点・相違点を具体的に提示した。その結果,欧米においては,実証研究によって導き出された知見が他の実証研究によって検証される,という一連の流れに則って研究が蓄積されてきたことが確認された。ただし,比較的実証が容易なテーマを中心に研究が蓄積される傾向が強く,「初学者特有の職業発達のプロセスや促進要因に関する検討が不十分なままに教育・訓練の方法論が発展する」「教育・訓練の効果とは何かという問いに対する結論が出ないままに個々のトレーニングの効果について検証がなされる」といった矛盾が生じていることも確認された。これに対して,日本においては,熟練者が試行錯誤しながら獲得してきた経験と知恵が継承されることで,臨床実践に根ざして臨床心理学が発展してきたことが確認された。同時に,各知見が体系的に整理されていない点,その有用性や汎用可能性についての検証が不十分である点が,課題として示された。その結果,欧米と同様に「初学者特有の職業発達のプロセスや促進要因に関する議論が不十分なままに教育・訓練の

方法論が発展する」といった矛盾が生じているだけでなく、「指導者によって何がどの程度重視されているのかという点に違いが存在する」といった課題も生じていることが明らかになった。

このように、欧米と日本の心理援助職の技能的発達に関する議論は各々に発展しており、多くの違いも存在することが確認された。しかし、ともに「初学者はどのように学びの実感を得て、どのように難しさを実感しているのか。そしてそれはどのように変化していくのか」といった初学者特有の職業発達のプロセスの全体像が十分に捉えられていない点に、重大な共通課題が存在することが確認された。加えて、心理援助職の「個人差」の存在を認める議論は存在するものの、技能的発達の観点から「個人差」に着目した検討がほとんどなされていない点も、共通課題として挙げられた。また、欧米においても日本においても、初学者の「学習プロセス」や「個人差」に着目した議論は不十分であり、既存の教育・訓練の方法や定説とされる知見が、必ずしもすべての初学者にとって適用可能とは限らない、という課題も確認された。

以上を踏まえ、第2章では、心理援助職の技能的発達に関する研究は発展途上であることを改めて強調し、初学者が学びを進めるに際して、「既存の知見を絶対視しすぎることなく、自分に合った学び方を主体的に求めていくこと」の必要性を指摘した。同時に、冒頭に示した問いの答えを既存の研究に求めるには限界があることから、調査研究を通じて検討する必要性を指摘し、第2部へのつなぎとした。

第2部では、調査研究を通して、改めて上記の問いの答えを求めることにした。

第3章では、成長過程の第1ステージとして、大学生ボランティア経験における初学者の変化のプロセスと個人差について検討した。そして、調査研究から得られた知見をもとに、第1ステージにおける学習のポイントを提示した。

第3章で示した学習のポイントは,「観察する」「省察する」「情報を活用する」の3点である。そして、これらの行為を通して、支援対象者を知る、自分自身を知る、より良い関わり方を考える、という3点の重要性を指摘した。これらはいずれも、専門的な教育・訓練開始前の土台作りのための基礎的なポイントと言えるだろう。
　また、第3章で示した通り、このステージにおいて求められる成長とは、ボランティアの体験プロセスにおける4つのポジションを移行・発展させていくことである。このうち、最終移行段階である「俯瞰的ポジション」への移行を、第1ステージにおける成長の到達目標として提示した。

　第4章では、成長過程の第2ステージとして、大学院教育・訓練における初学者の変化のプロセスと個人差について検討した。そして、調査研究から得られた知見をもとに、第2ステージにおける学習のポイントを提示した。
　第4章で示した学習のポイントは,「主体的な実践と省察」「専門知識の学習と活用」「学習プロセスの全体像と自己の位置の把握」の3点である。ここでの「主体的な実践と省察」とは,「初学者が揺らぎすぎないよう支えつつ、主体的に考えられる余地を残した問いかけや手がかりの提示を行う他者」と出会うこと、もしくは、記録の作成・省察に主体的に工夫しながら取り組むことにより,【「現時点での自分」の感覚や判断の信頼と活用】の段階へと学びを進めることを指す。このうち、後者の「記録の作成・省察に主体的に工夫しながら取り組むこと」とは、成長過程の第1ステージで示した学習のポイントに重複するものと考えられた。つまり、この第2ステージでは、第1ステージにおける学習のポイントを基盤とする「主体的な実践と省察」に取り組みつつ、新たな学習のポイントとして「専門知識の学習と活用」「学習プロセスの全体像と自己の位置の把握」に取り組むことが求められていると言えるだろう。
　また、このステージにおいて求められる成長とは、上記の3点に留意しながら主体的な試行錯誤を繰り返しつつ,「知識や助言に依拠する学び」

と「自身の感覚や判断に依拠する学び」を同時並行的に進めることである。そして，学びの大きな分岐点として示された【「現時点での自分」の感覚や判断の信頼と活用】の段階へと学びを進めることを，第2ステージにおける成長の到達目標として提示した。

　第5章では，成長過程の第3ステージとして，臨床実務経験における初学者の変化のプロセスと個人差について検討した。そして，調査研究から得られた知見をもとに，第3ステージにおける学習のポイントを提示した。
　第5章で示した学習のポイントのうち，「主体的な実践と省察」「専門知識の学習と活用」「学習プロセスの全体像と自己の位置の把握」，という3点は，第2ステージで示された学習のポイントと共通することが確認された。ただし，第3ステージにおいては，個々の気づきや学びの「つなぎの視点」を多様化させていくこと（実践知の獲得）が，新たな学習のポイントとして追加された。そして，そのためには，その前段階である【複雑な事情に即した関わりとバランスの模索】を通して，複雑さや曖昧さをそのまま扱えるようになることが重要であることを指摘した。
　また，このステージにおいて求められる成長とは，個々の気づきや学びの「つなぎの視点」を多様化させ，緻密かつ総合的に目の前の状況を捉えられるようになることである。これは，このステージを通過した心理援助職にも継続的に求められる学習のポイントであると考えられたことから，第3ステージ以降の心理援助職にとって，つねに成長の到達目標となるものとして提示した。

　第6章では，成長過程の第4ステージとして，スクールカウンセリングにおける協働・関係構築の在り方について検討した。そして，得られた知見をもとに，第4ステージにおける学習のポイントを提示した。
　第6章で示した学習のポイントは，他職種との協働・関係構築に際しても，第3ステージにて提示した学習のポイントが有用であることを示すものであった。とりわけ，【個々の気づきや学びの「つなぎの視点」の獲得】

は，単に心理援助職の成長を支えるだけでなく，より良い協働・関係構築を行ううえでも有用であることが確認された。その意味では，第4ステージにおける成長の到達目標も，第3ステージと同様に，個々の気づきや学びの「つなぎの視点」が多様化し，緻密かつ総合的に目の前の状況を捉えられるようになることであると言えるだろう。

　また，初学者が協働・関係構築に取り組む際には，まずは「協働」という言葉に囚われすぎることなく"土台作り"を大切に，協働対象者から多様な手がかりを積極的に求めることの重要性が示された。この点も，改めて確認しておきたい。

　以上，第2部では，初学者の成長過程を4つのステージに区別し，それぞれのステージに応じた調査研究を実施した。各ステージで得られた知見を改めて振り返ると，異なるステージ間であっても，学習のポイントは大きく重複していることが確認できる。この結果は，各ステージで得られる学びが，前のステージにおける学びの在り方にも大きく左右されるということを実証的に示すものと言えるだろう。言い換えると，初学者の成長過程は一直線上に進むものではなく，ステージ間を行ったり来たりしながら地道に学習を積み重ねていくことで促進されるものである，ということが実証されたと理解できるのではないだろうか。初学者には，こうした成長過程がスタンダードであることに自覚的になり，行きつ戻りつしながら学びを進めることを提案したい。

　ただし，第1部にて指摘した通り，心理援助職の技能的発達に関する研究は発展途上である。ゆえに，第2部で示した知見も，その一部に組み込まれるものにすぎず，批判の余地は十分にあるだろう。本書で示したモデルが，率直なご意見やご批判を仰ぎながら，より初学者の実態に即したモデルを構築するためのひとつの叩き台となれば幸いである。

　以上が，本書で得られた知見の概要である。最後に，改めて冒頭に示した下記の問いに立ち戻り，筆者なりに見出した答えを提示して，論を閉じ

ることにしたい。

　自分は何を学んできたのか。そして何を学べていないのか。そもそも心理援助職の初学者に求められる学びとはどのようなものか。

　筆者の考える心理援助職の初学者に求められる学びとは，①学問および成長過程の全体像を把握すること，②自己の学びの位置に自覚的になること，③その時々の自分にとっての"成長の最近接領域"に即した学びを進めること，という3点である。
　そして，本書に登場してきた調査協力者と同様，筆者の学びは，指導教員やスーパーヴァイザーをはじめとするさまざまな他者との出会いのなかで，その時々の"成長の最近接領域"に即した学びができるよう，見守り支えつづけていただいた結果であると感じている。この"成長の最近接領域"に即した学びこそが，長年言葉にならなかった筆者の学びの実感の正体であろう。
　一方で筆者自身，学問および成長過程の全体像を把握するための参照枠を見つけきれず，それゆえに，自己の学びの位置に自覚的になる術をもたず，拭うことのできない不安を抱きつづけていたように感じている。本書の執筆を通して，学問および成長過程の全体像の整理を試みることは，筆者にとって，自身に不足する学びを補うための不可欠な作業であったと言えるだろう。
　その時々の"成長の最近接領域"とかけ離れた学びは，初学者の混乱を増幅させる。全体像がつかめないなかでの学びは，初学者の不安を助長させる。そして，こうして生み出される混乱や不安をどのように扱うかによって，初学者の成長は促進されることも阻害されることもある。本書の執筆を終えて，こう強く実感しているところである。
　初学者は，自らの混乱や不安にどう向き合うべきか。指導者は，初学者の混乱や不安にどう対応すべきか。本書がその「取扱説明書」として，少しでも役立つものになったならば幸いである。

あとがき

　私にとって，本書完成までの道のりは決して平坦なものではありませんでした。博士課程に進学してから博士論文提出までには約7年間，本書完成までには約9年間の月日が経過しようとしています。もう少し要領よく執筆を進める方法があったのかもしれません。しかし，不器用さゆえに周りから手を差し伸べていただく機会には多く恵まれ，たくさんの方にお力添えをいただきました。振り返ると，本書完成までのプロセスは，私自身を育てていただいたプロセスでもあったように感じています。

　執筆にあたって最初に直面した困難は，研究の焦点を定めることにありました。序論にも記した通り，私が最終的に博士論文のテーマを決定したのは，博士課程も3年目の終わりを迎える頃でした。それまでの期間を無駄に過ごしていたわけではありませんが，学べば学ぶほど新たな疑問が生じてくる日々のなか，1つの問いに留まりつづけることが難しかったのだと思います。焦点を固定することで，何か大切なものを見落としてしまいそうな気がして怖かったのかもしれません。しばらくの間は，研究に限らず臨床においても関心を絞ることに漠然とした抵抗感があり，知識と経験の幅を少しでも広げようと必死になって学んでいました。

　そんな私にとって，取るに足らないような迷いや疑問にも真摯に向き合い，とことん議論に付き合ってくれる仲間や先生方に恵まれたことは，何よりも幸運でした。腑に落ちないことを「腑に落ちない」と率直に言い合える関係性に支えられながらたくさんの議論を重ねることで，自分なりに大切にしたい視点を少しずつ掴めていったように思います。

　ようやく研究テーマが定まったところで，今度は，分析の方向性を定め

ることに苦心しました。自身の成長過程も十分に捉えきれていない初学者の立場で，同じ心理援助職の初学者の成長過程のモデル化を試みるということ自体が，そもそも無謀な挑戦だったのだと思います。「研究者も初学者だからこそ見えることがあるはず」と意気込んではいたものの，それが何なのか，当時は見当もついていませんでした。

　そんな無謀な挑戦を支えてくれたのが，調査協力者の皆様でした。たくさんの方が研究テーマ選択の背景にある私の初学者としての迷いや疑問にも関心を寄せてくださり，調査への協力だけでなく，研究そのものに対する感想やコメントをくださいました。なかには，「自分が混乱しているからこそ，こういった研究が発展して，同じような思いをする初学者が減るといいなと思っています」と思いを託してくださる方もいらっしゃいました。今回の研究が，こうした思いにどの程度応えうるものになったかはわかりません。しかし，少なくとも私にとっては，皆様の率直な声が，分析の方向性を定めるうえで貴重な道標になりました。

　最後に直面した難題は，研究をまとめ上げることにありました。博士論文の執筆においては，個々の研究の焦点を捉える視点と研究間のつながりを捉える視点，そして，研究全体を俯瞰する視点を同時に併せ持つことが求められます。当初は，自分自身と密接にかかわる研究において，そうした客観的・俯瞰的な視点を併せ持つことがどれほど難しいことか，想像ができていませんでした。指導教員と相談しながら進めれば何とかなるだろうという甘えもあったのだと思います。しかし，その指導教員の中釜洋子先生の訃報を，ある日突然受けることになりました。全幅の信頼を置いていた指導者との別れはあまりに衝撃が大きく，本テーマで研究を継続すること自体が，重く圧し掛かる試練のように感じられたことは今でもよく覚えています。

　それでも何とか本書の完成までたどりつけたのは，たくさんの先生方の温かいご指導とご支援のおかげでした。スーパーヴァイザーの村瀬嘉代子先生には，臨床だけでなく研究の指導もあわせてお引き受けいただき，博士論文の執筆に欠かせない上述の視点を私なりに咀嚼しながら獲得してい

けるよう，温かくお導きいただきました。現指導教員の下山晴彦先生には，「自分が発信する研究は誰にどのように役立ちうるのか。それは臨床心理学領域全体においてはどのような意味をもつのか」といった一歩先を見据えた視点をつねにお示しいただき，研究を世に送り出す心構えを基礎から学ばせていただきました。ほかにも，たくさんの先生方が手厚くサポートしてくださり，研究で見出した知見を多面的に検証するための手がかりをお示しいただきました。加えて，本書編集担当の藤井裕二様には，各章の研究に込めた思いを汲みながらさまざまな問いを投げかけていただき，博士論文執筆時には気づけていなかった多くの視点に気づかせていただきました。

　こうして振り返ると，本書は，私一人の力では決して完成しえなかったことを再認識させられます。同時に，今後もさまざまな出会いを通して，現段階では欠けている視点に繰り返し気づかされるような気もしています。したがって，本書に示した知見は，「正解」ではなく今の私の精一杯の「アイディア」としてお受け止めいただき，ご批判も含めさまざまな議論のたたき台としていただければ幸いです。

*

　現在私は産業・組織領域に軸足を置き，企業内カウンセラーとして勤務しています。修士課程修了間際に実習生のような立場で勤務を開始した職場であり，本書完成に費やした年月とほぼ同じ年月を，現在の職場に費やしてきました。最初は何もわからない状態からのスタートでしたが，たくさんの方にご指導いただきながら１つひとつ学びを蓄積し，徐々に任せていただける業務の幅も広がってきました。現在は，カウンセリングやコンサルテーションなどの個別対応だけでなく，教育研修，組織分析など，広義のメンタルヘルス対策にも幅広く関与させていただいています。

　一方，その業務範囲の広さゆえに，「心理援助職としてのアイデンティティは？」と尋ねられることも増えてきました。確かに心理援助職が一般的に担う業務の枠を，はみ出しているのかもしれません。しかしアイデン

ティティを問われると、「あります」と迷いなく答えられるのは、本書を執筆したことが大きく影響しているように思います。

　本書の執筆を通して私のなかで一番大きく変化したことは、「心理援助職として」という気負いが緩んだことだと感じています。もちろん、心理援助職として役に立ちたいという思いが弱まったわけでも、役に立っているという自信が強まったわけでもありません。しかし、長年の問いの探究を通して、自分自身がためらいながら歩んできた道のりと現在の立ち位置を少し客観的に認識できたことで、「心理援助職としてどうあるべきか」ということよりも「今の自分に何ができるか」ということに関心がシフトしたように感じています。同時に、「自分の行為は誰に対してどのように役立ち、それは全体状況のなかではどのように位置づけられ、どのように作用しうるのか」ということに自覚的に行為を選択することができたならば、たとえ一般にイメージされる専門職の仕事とは異なる業務やちょっとした会話であっても、胸を張って「心理援助職の仕事です」と言えるのではないかと考えるようになりました。

　もちろん意識の持ち方が変わったからといって、それをすぐに実践に活かせるわけではなく、相変わらずわからなさや想定外の展開に困惑させられながら格闘する毎日を送っています。しかし良い意味で図太くなり、わからなさに直面しても怯むことなく、全体状況が腑に落ちて理解できるまで、あらゆるアンテナを総動員しながら自分に不足する視点を模索しつづけられるようになったことが、私なりの成長なのだと思います。

　本書が、私と同じようにためらいながら学びを進める初学者にとって、「もう少し諦めずに頑張ってみよう」と思える契機になったならば、大変幸せに思います。

＊

　本書は、2015年4月に東京大学大学院教育学研究科に提出した博士論文を改訂し再構成したものです。

　長きにわたり丁寧なご指導を賜りましたスーパーヴァイザーの村瀬嘉代

子先生（大正大学），指導教員の下山晴彦先生（東京大学大学院），元指導教員の故・中釜洋子先生に厚く御礼申し上げます。また，博士論文の審査の労をお取りいただきました東京大学大学院の能智正博先生（臨床心理学コース），浅井幸子先生（教育開発コース），橋本鉱市先生（比較教育社会学コース），石丸径一郎先生（臨床心理学コース），貴重なご意見を賜りました岩壁茂先生（お茶の水女子大学），藤川麗先生（駒沢女子大学），研究にご協力いただきました調査協力者の皆様に心より感謝申し上げます。そして，粗削りな博士論文の改訂作業に根気強くお付き合いいただき，本書の刊行を全面的にサポートいただきました金剛出版編集部の藤井裕二様に深く御礼申し上げます。

　本書はJSPS科研費JP 16HP5195の助成を受けたものです。

文献

青木佐奈枝（2009）大学院における臨床心理士育成に関する一考察――大学院生，修了生のアンケート調査をもとに．東京成徳大学臨床心理学研究 9；12-20.

荒川 歩・安田裕子・サトウタツヤ（2012）複数径路・等至性モデルの TEM 図の描き方の一例．立命館人間科学研究 25；95-107.

Argyris, C. & Schön, D.（1974）Theory in Practice : Increasing Professional Effectiveness. San Francisco : Jossey-Bass.

馬場礼子（1998）カウンセラー志望者と自己形成（性格のための心理学）．現代のエスプリ 372；50-55.

馬場天信・岩田直威・間塚 愛（2005）速報 臨床心理士資格検討のための基礎資料 III――第 1 種指定大学院の現状調査報告．心理臨床学研究 23-5；628-633.

Bergin, A.E.（1971）The evaluation of therapeutic outcomes. In : A.E. Bergin & S.L. Garfield（Eds.）Handbook of Psychotherapy and Behavior Change. New York : John Wiley & Sons.

Blocher, D.H.（1983）Toward a cognitive developmental approach to counseling supervision. The Counseling Psychologist 11-1；27-34.

Bowsell, J.F., Castonguay, L.G. & Wasserman, R.H.（2010）Effects of psychotherapy training and intervention use on session outcome. Journal of Counseling and Clinical Psychology 78；717-723.

Carkhuff, R.R.（1969）Helping and Human Relations Volume I : Selection and Training. New York : Holt, Rinehart and Winston.

Carlsson, J., Norberg, J., Sandell, R. & Schubert, J.（2011）Searching for recognition : The professional development of psychodynamic psychotherapists during training and the first few years after it. Psychotherapy Research 21-2；141-153.

Conway, J.B.（1988）Differences among clinical psychologists : Scientists, practitioners and scientist-practitioners. Professional Psychology : Research and Practice 19；642-655.

Crits-Cristoph, P. & Mintz, J.（1991）Implications of therapists effects for the design and analysis of comparative studies of psychotherapies. Journal of Consulting and Clinical Psychology 59；20-26.

Crook-Lyon, R.E., Hill, C.E., Wimmer, C.L., Hess, S.A. & Goates-Jones, M.K.（2009）Therapist training, feedback and practice for dream work : A pilot study. Psychol Rep. 105；87-98.

Cummings, A.L. & Hallberg, E.T.（1990）Implication of counselor conceptualizations for counselor education. Counselor Education & Supervision 30；120-134.

Engel, G.（1977）The need for a new medical model : A challenge for biomedicine. Science 196；129-146.

Eysenck, H.J.（1952）The Effects of Psychotherapy. Journal of Consulting Psychology 16；319-324.

Fauth, J., Gates, S., Vinca, M.A., Boles, S. & Hayes, J.A.（2007）Big ideas for psychotherapy training.

Psychotherapy : Theory, Research, Practice, Training 44 ; 384-391.

Fleming, J.（1953）The role of supervision in psychiatric traning. Bulletin of the Menninger Clinic 17-5 ; 157-169.

Freiheit, S.R. & Overholser, J.C.（1997）Training issues in cognitive-behaviral psychotherapy. Journal of Behavior Therapy and Experimental Psycbiatry 28 ; 79-86.

Friedman, D. & Kaslow, N.J.（1986）The development of professional identity in psychotherapists : Six stages in the supervision process. In : F.W. Kaslow（Ed.）Supervision and Training : Models, Dilemmas and Challenges. New York : Haworth, pp.29-49.

藤川 浩（2007）統合的心理臨床．In：村瀬嘉代子＝監修／佐藤隆一・廣川 進・藤川 浩＝編：統合的心理療法への招待．ミネルヴァ書房，pp.53-65.

藤川 麗（2009）異職種間コラボレーションを目的とした臨床心理職トレーニングの開発研究．平成18年度〜平成20年度科学研究費補助金．若手研究（B）研究成果報告書．

藤原勝紀（1990）面接法．In：小川捷之・鑪幹八郎・本明 寛＝編：臨床心理学体系第13巻 臨床心理学を学ぶ．金子書房，pp.131-144.

藤原勝紀（2000）臨床実践指導研究の課題と方向性．京都大学大学院教育学研究科附属臨床教育実践研究センター紀要 4 ; 60-70.

福永友佳子（2005）「心理臨床センター」という体験――迷いの芯が生まれるまで．In：鑪幹八郎＝監修／川畑直人＝編：心理臨床家アイデンティティの育成．創元社，pp.49-64.

Garfield, S.L.（1995）Psychotherapy : An Eclectic-Integrative Approach. 2nd Ed. New York : Brunner/Mazel.

Glazer, N.（1974）The schools of the minor professions. Minerva 12-3 ; 346-364.

Goplerud, E.（1980）Social support and stress during the first year of graduate school. Professional Psychology : Research and Practice 24 ; 83-90.

Grater, H.A.（1985）Stages in psychotherapy supervision : From therapy skills to skilled therapist. Professional Psychology : Research and Practice 16 ; 605-610.

Hart, G.M.（1982）The Process of Clinical Supervision. Baltimore : University Park Press.

Hayes, R.L.（2001）カウンセリングにおけるコラボレーション．東京大学大学院教育学研究科心理教育相談室紀要 24 ; 108-113.

Henry, W.P. & Strupp, H.H.（1994）The therapeutic alliance as interpersonal process. In : A.O. Horvath & L.S. Greenberg（Eds.）The Working Alliance : Theory, Research and Practice. New York : John Wiley & Sons, pp.51- 84.

Hess, A.K.（1986）Growth in supervision : Stages of supervisee and supervisor development. In : F.W. Kaslow（Ed.）Supervision and Training : Models, Dilemmas and Challenges. New York : Haworth, pp.51-67.

Hess, S., Knox, S. & Hill, C.E.（2006）Teaching graduate student trainees how to manage client anger : A comparison of three types of training. Psychotherapy Research 16 ; 282-292.

Hill, C.E.（2004）Helping Skills : Facilitating Exploration, Insight and Action. 2nd Ed. Washington, D.C. : American Psychological Association.

Hill, C.E.（2009）Helping Skills : Facilitating Exploration, Insight and Action. 3rd Ed. Washington, D.C. : American Psychological Association.

Hill, C.E., Charles, D. & Reed, K.G.（1981）A longitudinal analysis of changes in counseling skills during doctoral training in counseling psychology. Jornal of counseling Psychology 28 ; 428-436.

Hill, C.E. & Knox, S.(2013)Training and supervision in psychotherapy. In : M.J. Lambert(Ed.)Bergin and Garfield's Handbook of Psychotherapy and Behavior Change. 6th Ed. John New York : Wiley & Sons, pp.775-811.

Hill, C.E. & O'Brien, K.M.(1999)Helping Skills : Facilitating Exploration, Insight and Action. Washington, D.C. : American Psychological Association.

Hilsenroth, M.J., Ackerman, S.J., Clemence, A.J., Strassle, C.G. & Handler, L.(2002)Effects of structured clinical training on patient and therapist perspectives of alliance early in psychotherapy. Psychotherapy : Theory, Research, Practice, Training 39 ; 309-323.

Hilsenroth, M.J., DeFife, J.A., Blagys, M.D. & Ackerman, S.A.(2006)Effects of training in shortterm psychodynamic psychotherapy : Changes in graduate clinician technique. Psychotherapy Research 16-3 ; 293-305.

平木典子(1996)個人カウンセリングと家族カウンセリングの統合．カウンセリング研究 29-1 ; 68-76.

平木典子(2003)統合的心理療法──関係療法を中心とした統合の試み．In：平木典子：カウンセリングスキルを学ぶ──個人心理療法と家族療法の統合．金剛出版．

平木典子(2009)連載 心理臨床スーパーヴィジョン 1──今，なぜ，心理臨床スーパーヴィジョンなのか．精神療法 35-1 ; 106-109.

平木典子(2011a)連載 心理臨床スーパーヴィジョン 13──スーパーヴァイジーのアカウンタビリティ I．精神療法 37-1 ; 97-102.

平木典子(2011b)連載 心理臨床スーパーヴィジョン 14──スーパーヴァイジーのアカウンタビリティ II．精神療法 37-2 ; 87-102.

広瀬米夫(1966)カウンセラーの自己訓練．岩崎学術出版社．

Hogan, R.A.(1964)Issues and approaches in supervision. Psychotherapy : Theory, Research, Practice 1-3 ; 139-141.

今田雄三(2010)臨床心理士養成課程におけるコラージュ療法体験授業の展開──施行法・技法の選択・検討法などの工夫を中心に．鳴門教育大学研究紀要 25 ; 218-231.

乾 吉佑(2003)日本における臨床心理士専門家養成の展望と課題．心理臨床学研究 21-2 ; 201-214.

伊藤研一(1999)自分の「守備範囲」に入るか──アセスメントの責任と問題．In：伊藤研一＝編著：心理臨床の海図．八千代出版，pp.19-25.

伊藤研一・寺脇 梓(2008)臨床心理士養成教育におけるフォーカシングの意味．人文 7 ; 45-65.

伊藤研一・山中扶佐子(2005)セラピスト・フォーカシングの過程と効果．人文 4 ; 165-176.

伊藤美奈子(2000)ユーザーから見た学校臨床心理士．臨床心理士報 11-2 ; 21-42.

伊藤直文・村瀬嘉代子・塚崎百合子・片岡玲子・奥村茉莉子・佐保紀子・吉野美代(2001)心理臨床実習の現状と課題──学外臨床実習に関する現状調査．心理臨床学研究 19-1 ; 47-59.

伊藤奈津子(2005)心理臨床家教育・訓練の諸相．In：鑪幹八郎＝監修／川畑直人＝編：心理臨床家のアイデンティティ育成．創元社，pp.80-84.

伊藤俊樹(2010)臨床心理士養成大学院教育におけるイメージ教育の効果について(1)──芸術療法特論 1 のスクィグル実習がもたらすもの．神戸大学大学院人間発達環境学研究科研究紀要 3-2 ; 11-20.

Ivey, A.E.(1971)Microcounseling : Innovations in Interviewing Training. Springfield, IL : Thomas.

岩井志保(2007)わが国における心理臨床家研究の概観．名古屋大学大学院教育発達科学研究

科紀要心理発達科学 54；135-142.
岩壁 茂（2010）はじめて学ぶ臨床心理学の質的研究――方法とプロセス．岩崎学術出版社．
岩壁 茂・小山充道（2002）心理臨床研究における科学性に関する一考察．心理臨床学研究 20-5；443-452.
Jennings, L., Goh, M., Skovholt, T.M. & Hanson, M.（2003）Multiple factors in the development of the expert counselor and therapist. Journal of Career Development 30-1；59-72.
Kagan, N.（1984）Interpersonal process recall : Basic methods and recent research. In : D. Larson（Ed.）Teaching Psychological Skills : Models for Giving Psychology Away. Monterey, CA : Brooks/Cole, pp.229-244.
亀口憲治（2002）概説／コラボレーション――協働する臨床の知を求めて．現代のエスプリ 419；5-19.
金山由美（2005）「臨床実践指導」ということ．In：鑪幹八郎＝監修／川畑直人＝編：心理臨床家アイデンティティの育成．創元社，pp.25-38.
金沢吉展（1998）カウンセラー――専門家としての条件．誠信書房．
金沢吉展（2003）臨床家のためのこの1冊（14）――Skovholt TM & Rønnestad MH 著『The Evolving Professional Self : Stages and themes in therapist and counselor development』．臨床心理学 3-2；291-294.
金沢吉展（2007）カウンセラー・セラピストになるプロセス．In：金沢吉展＝編：心理療法の基礎．有斐閣アルマ，pp.39-44.
金沢吉展・岩壁 茂（2006）心理臨床家の専門家としての発達，および，職業的ストレスへの対処について．明治学院大学心理学部付属研究所紀要 4；57-73.
菅野 恵・元永拓郎（2005）学校コミュニティにおけるスクールカウンセリング――複数校でのカウンセラーと教師との校内連携の比較を通して．学校メンタルヘルス 8；47-55.
葛西真記子（2005）「カウンセリング自己効力感尺度（Counselor Activity Self-Efficacy Scales）」日本語版作成の試み．鳴門教育大学研究紀要（教育科学編）20；61-69.
葛西真記子・中津郁子・末内佳代・久米禎子・粟飯原良造・山下一夫・塩路晶子（2009）乳幼児との情動調律による感受性訓練の効果――心理療法家を目指す大学院生を対象に．鳴門教育大学研究紀要 24；130-141.
片本恵利（2005）樹木画の対提示による心理アセスメントに関する実習の試み――臨床心理基礎実習におけるバウムテストの解釈に関する実習．沖縄国際大学人間福祉研究 3-1；37-53.
河合隼雄（1970）カウンセリングの実際問題．誠信書房．
河合隼雄（1995a）基礎理論（1）．In：河合隼雄＝監修／山中康裕・森野礼一・村山正治＝編：臨床心理学 1――原理・理論．創元社，pp.77-90.
河合隼雄（1995b）臨床心理学概説．In：河合隼雄＝監修／山中康裕・森野礼一・村山正治＝編：臨床心理学 1――原理・理論．創元社，pp.3-26.
木村あやの・田口香代子（2012）昭和女子大学大学院修了生の臨床心理士としての自己研鑽――臨床的からみた身につけたい力とその取り組み．昭和女子大学生活心理研究所紀要 14；41-56.
木下康仁（2007）ライブ講義 M-GTA 実践的質的研究法――修正版グラウンデッド・セオリー・アプローチのすべて．弘文堂．
吉良安之（1986）カウンセリングを学ぶ．In：前田重治＝編：カウンセリング入門――カウンセラーへの道．有斐閣選書，pp.264-276.

吉良安之（2002）フォーカシングを用いたセラピスト自身の体験の吟味．心理臨床学研究 20-2；97-107.
岸田 博・楡木満生・中村喜久子（1983）ミニカウンセリングによるカウンセラー養成──カウンセラーの基本的態度体得のための一方法論．相談学研究 16-1；1-19.
小林孝雄・伊藤研一（2010）スーパービジョンにセラピスト・フォーカシングを用いることの有効性の検討．人間性心理学研究 28-1；91-102.
近藤清美・河合祐子・漆原宏次・坂野雄二・土肥聡明・中野倫仁・森 伸幸（2010）わが国の臨床心理学教育の現状と課題──心理学系大学院の心理臨床家養成教育に関するアンケート調査から．北海道医療大学心理科学部心理臨床・発達支援センター研究 6-1；1-11.
古澤平作・小此木啓吾（1954）監督教育 Supervision としての統制分析 Contorol-analysis としての一症例の報告（その二）．In：日本精神分析学会＝編（2004）精神分析研究選集 1．日本精神分析学会，pp.14-26.
黒沢幸子・日高潤子（2009）臨床心理的地域援助としての学校支援学生ボランティア派遣活動のシステム構築．心理臨床学研究 27-5；534-545.
串崎幸代（2005）ケースをもつまでの臨床教育．In：鑪幹八郎＝監修／川畑直人＝編：心理臨床家のアイデンティティ育成．創元社，pp.39-48.
Lambert, M.J.（1989）The individual therapist's contribution to psychotherapy process and outcome. Clinical Psychology Review 9；469-485.
Lambert, M.J.（1992）Psychotherapy Outcome Research : Implications for Integrative and Eclectic Therapies. In : J.C. Norcross & M.R. Goldfried（Eds.）Handbook of Psychotherapy Integration. New York : Basic Books, pp.3-45.
Larson, L.M. & Daniels, J.A.（1998）Review of the counseling self-efficacy literature. The Counseling Psychologist 26；179-218.
Lazarus, A.A.（1976）Multimodal Behavior Therapy. New York : Springer Publishing.
Lent, R.W., Hill, C.E. & Hoffman, M.A.（2003）Development and validation of the Counselor Activity Self-Efficacy Scales. Journal of Counseling Psychology 50；97-108.
Lent, R.L., Hoffman, M.A., Hill, C.E., Treistman, D., Mount, M. & Singley, D.（2006）Clientspecific counselor self-efficacy in novice counselors : Relation to perceptions of session quality. Journal of Counseling Psychology 53；453-463.
Linehan, M.M.（1993）Dialectical Behavior Therapy for Borderline Personality Disorder. New York : Basic Books.
Littrell, J.M., Lee-Borden, N. & Lorenz, J.（1979）A developmental framework for counseling supervision. Counselor Education and Supervision 19；129-136.
Martion, J., Slemon, A.L., Hiebert, B., Hallberg, E.T. & Cummings, A.L.（1989）Conceptualizations of novice and experienced counselors. Journal of Counseling Psychology 36；395-400.
真澄 徹（2009）初心心理臨床家におけるセラピスト・フォーカシングの意味．人文 8；129-148.
Messer, S.B.（1992）A critical examination in belief structures in integrative and eclectic psychotherapy. In : J.C. Norcross & M.R. Goldfried（Eds.）Handbook of Psychotherapy Integration. New York : Basic Books, pp.130-165.
文部科学省初等中等教育局（2008）平成 20 年度予算額（案）主要事項［説明資料］分割版（2）．文部科学省 2008 年 1 月 26 日（http://www.mext.go.jp/b_menu/houdou/20/01/08012109/009.pdf

[2008年11月22日閲覧]).
森野礼一 (1995) 臨床心理学の歴史. In:河合隼雄=監修／山中康裕・森野礼一・村山正治=編:臨床心理学1——原理・理論. 創元社, pp.31-72.
Moss, J.M., Gibson, D.M. & Dollarhide, C.T.（2014）Professional identity development : A grounded theory of transformational tasks of counselors. Journal of Counseling and Development 92-1 ; 3-12.
森田美弥子・岩井志保・松井宏樹・直井知恵 (2008) 心理臨床家のアイデンティティと養成教育. 名古屋大学大学院教育発達科学研究科紀要. 心理発達科学 55 ; 167-178.
森田美弥子・仲原睦美 (2004) ロールシャッハ法教育における「専門家におけるテスティー体験」導入の意義. ロールシャッハ法研究 8 ; 61-70.
Multon, K.D., Kivlighan, D.M. & Gold, P.B.（1996）Changes in counselor adherence over the course of training. Journal of Counseling Psychology 43 ; 356-363.
村瀬嘉代子 (1990) 治療者に求められるもの——療育の羅針盤. 安田生命社会事業団（再掲：村瀬嘉代子 (1995) 子どもと大人の架け橋——心理療法の原則と過程. 金剛出版).
村瀬嘉代子 (2001) 子どもと家族への統合的心理療法. 金剛出版.
村瀬嘉代子 (2003) 統合的心理療法の考え方——心理療法の基礎となるもの. 金剛出版.
村瀬嘉代子 (2008) コラボレーションとしての心理的援助. 臨床心理学 8-2 ; 179-185.
村瀬嘉代子・下山晴彦・廣川 進 (2010) 臨床ゼミ 今日これからのスーパーヴィジョン (1). 座談会 心理臨床において育つということ・育てるということ. 臨床心理学 10-4 ; 603-613.
中釜洋子 (2010) 個人療法と家族療法をつなぐ——関係系志向の実践的統合. 東京大学出版会.
中村久子・岸田 博 (1982) ミニカウンセリングによるカウンセラー養成——カウンセラーの基本的態度体得のための一方法論. 東京農業大学一般教育学術集報 12 ; 37-50.
中村雄二郎 (1992) 臨床の知とは何か. 岩波新書.
中西公一郎・鈴木真理・山本和郎 (1998) 心理面接訓練としての20分のロール・プレイングの量的分析. 心理臨床学研究 16 ; 396-401.
中津郁子・二宮麻利江・山下一夫 (2009) 初心者カウンセラーによる乳幼児観察のありかた——カウンセラーとしての資質を育むために. 鳴門教育大学研究紀要 24 ; 20-32.
中津郁子・両木理恵 (2010) 臨床心理を学ぶ大学院生における保育実習の意義について. 鳴門教育大学研究紀要 25 ; 73-87.
O'Donovan, A., Bain, J.D. & Dyck, M.J.（2005）Does clinical psychology education enhance the clinical competence of practitioners? Professional Psychology : Research and Practice 36 ; 104-111.
O'Donovan, A. & Dyck, M.J.（2005）Does a clinical psychology education moderate relationships between personality or emotional adjustment and performance as a clinical psychologist. Psychotherapy : Theory, Research, Practice 36 ; 104-111.
及川 恵 (2003) 生物心理社会モデル. In:下山晴彦=編:よくわかる臨床心理学. ミネルヴァ書房, pp.30-31.
岡嶋一郎 (2002) 心理臨床家養成課程における心理劇実習の意義について——心理劇の五要素に基づく検討. 長崎純心大学心理教育相談センター紀要 1 ; 39-48.
岡本かおり (2007) 心理臨床家が抱える困難と職業的発達を促す要因について. 心理臨床学研究 25-5 ; 516-527.
押岡大覚・勝倉孝治・白岩紘子 (2011) 心理臨床家養成のためのフォーカシング指向グループへの継続参加とその効果に関する研究. 人間性心理学研究 28-2 ; 165-176.

大和友則・田中 敏（2011）熟達度の異なるカウンセラーにおけるカウンセリング・スキーマの比較検討．信州心理臨床紀要 10；25-34．

Perlesz, A.J., Stolk, Y. & Firestone, A.F.（1990）Patterns of learning in family therapy training. Family Process 29；29-44.

Pope, B., Nudeler, S., Norden, J.S. & McGee, J.P.（1976）Changes in nonprofessional (novice) interviewers over a 3-year training period. Journal of Counsulting and Clinical Psychology 44；819-825.

Rihacek,T., Danelova, E. & Cermak, I.（2012）Psychotherapist development: integration as a way to autonomy. Psychotherapy Research 22-5；556-569.

Rønnestad, M.H. & Skovholt, T.M.（2003）The journey of the counselor and therapist : Resarch findings and perspectives on professional development. Journal of Career Development 30-1；5-44.

Rozenzweig, S.（1936）Some Implicit Common Factors in Diverse Methods of Psychotherapy. American Journal of Consulting and Clinical psychology 51；557-564.

齋藤暢一朗・福原俊太郎・川西智也・細川直人（2009）困難状況の対処様式から見た若手小学校スクールカウンセラーの関係性と多重性と階層性．学校メンタルヘルス 12-1；51-58．

Sansbury, D.L.（1982）Developmental supervision from a skills perspective. The Counseling Psychologist 10-1；53-57.

佐藤仁美（2006）スクールカウンセラーと教師の協働――合同面接から見えてきたもの．心理臨床学研究 24-2；201-211．

サトウタツヤ＝編著（2009）TEM ではじめる質的研究――時間とプロセスを扱う研究を目指して．誠信書房．

Schein, E.（1973）Professional Education. New York : McGraw-Hill.

Schön, D.A.（1983）The Reflective Practitioner : How Professionals Think in Action. New York : Basic Books.（柳沢昌一・三輪建二＝監訳（2007）省察的実践とは何か――プロフェッショナルの行為と思考．鳳書房）

渋沢田鶴子（2002）対人援助における協働――ソーシャルワークの観点から．精神療法 28-3；270-277．

Simon, A.H.（1972）The Science of the Artificial. Cambridge, Mass : MIT Press.（稲葉元吉・吉岡英樹＝訳（1987）システムの科学．パーソナルメディア）

下山晴彦（2000a）臨床心理学研究法の多様性と本書の構成．In：下山晴彦＝編著：臨床心理学研究の技法．星和書店，pp.19-26．

下山晴彦（2000b）臨床現場における心理療法の工夫と統合的視点の重要性．精神療法 26-4；325-333．

下山晴彦（2000c）心理療法の基礎1――心理療法の発想と実践．岩波書店．

下山晴彦（2001a）臨床心理学の専門性．In：下山晴彦・丹野義彦＝編：講座臨床心理学1――臨床心理学とは何か．東京大学出版会，pp.3-25．

下山晴彦（2001b）世界の臨床心理学の歴史と展開．In：下山晴彦・丹野義彦＝編：講座臨床心理学1――臨床心理学とは何か．東京大学出版会，pp.27-49．

下山晴彦（2001c）日本の臨床心理学の歴史と展開．In：下山晴彦・丹野義彦＝編：講座臨床心理学1――臨床心理学とは何か．東京大学出版会，pp.51-72．

下山晴彦（2001d）臨床心理士養成カリキュラム．In：下山晴彦・丹野義彦＝編：講座臨床心理学1――臨床心理学とは何か．東京大学出版会，pp.191-209．

下山晴彦（2007）カウンセリング・心理療法とは．In：金沢吉展＝編：カウンセリング・心理療法の基礎．有斐閣アルマ，pp.107-120.
下山晴彦（2010）臨床心理学をまなぶ① これからの臨床心理学．東京大学出版会．
新保幸洋（2004）カウンセラーの心理アセスメント能力の発達過程に関する研究．大正大学大学院研究論集 28；256-244.
新保幸洋（2012）統合的心理療法の特質について．In：新保幸洋＝編著／村瀬嘉代子＝出典著者：統合的心理療法の事例研究――村瀬嘉代子主要著作精読．金剛出版，pp.13-61.
篠原恵美（2010）わが国における初学者へのスーパーヴィジョンについての展望．心理臨床学研究 28-3；358-367.
Skovholt, T.M. & Rønnestad, M.H.（1992）Themes in therapist and counselor development. Journal of Counseling and Development 70；505-515.
Skovholt, T.M. & Rønnestad, M.H.（1995）The Evolving Professional Self : Stages and Themes in Therapist and Counselor Development. Chichester, West Sussex, UK : Wiley.
Skovholt, T.M. & Rønnestad, M.H.（2003a）The hope and promise of career life-span counselor and therapist development. Journal of Career Development 30-1；1-3.
Skovholt, T.M., & Rønnestad, M.H.（2003b）Struggles of the novice counselor and therapist. Journal of Career Development 30-1；45-58.
Stahl, J.V., Hill, C.E., Jacobs, T., Kleinman, S., Isenberg, D. & Stern, A.（2009）When the shoe is on the other foot : A qualitative study of intern-level trainees' perceived learning from clients. Psychotherapy 46-3；376-389.
Stoltenberg, C.（1981）Approaching supervision from a developmental perspective : The counselor complexity model. Journal of Counseling Psychology 28；59-65.
Stoltenberg, C.D. & Delworth, U.（1987）Supervising Counselors and Therapists : A Developmental Approach. San Francisco : Jossey-Bass.
Stoltenberg, C.D., McNeill, B.W. & Delworth, U.（1998）IDM Supervision : An Integrated Developmental Model for Supervising Counselors and Therapists. San Francisco : Jossey-Bass.
Strauss, A.L. & Corbin, J.（1998）Basics of Qualitative Research : Grounded Theory Procedures and Techniques. 2nd Ed. Newbury Park, CA : Sage.（操 華子・森岡 崇＝訳（2004）質的研究の基礎――グラウンデッドセオリーの技法と手順 第2版．医学書院）
杉原保史（2002）訳者あとがき．In：ポール・ワクテル［杉原保史＝訳］：心理療法の統合を求めて．金剛出版．
鈴木大輝・正保春彦（2012）あいづちからみた自己一致に関する一考察――初心者カウンセラーとベテランカウンセラーの比較から．茨城大学教育実践研究 31；293-305.
鈴木潤也（2012）初学者セラピストの自己理解の重要性に関する文献研究．教育人間科学部紀要 3；171-185.
鈴木理恵（2008）援助観をめぐる一考察――臨床心理士養成課程大学院生の態度構造．弘前大学大学院教育学研究科心理臨床相談室紀要 5；43-50.
Swift, J. & Callahan, J.（2009）Early psychotherapy processes : an examination of client and trainee clinician perspective convergence. Clinical Psychology & Psychotherapy 16-3；228-236.
田畑 治（1982）カウンセリング実習入門．新曜社．
田畑 治（2010）臨床心理面接の場のイメージ――臨床心理士養成大学院生の描画を通して．心

身科学部紀要 6 ; 29-43.
田島佐登史（2008）臨床心理士養成指定大学院の院生が考える修了後に役立つ学習と体験．目白大学心理学研究 4 ; 35-48.
高原朗子・尾崎啓子（1999）教育現場における臨床心理士——豊かな連携を目指して．長崎大学教育学部紀要．教育科学 57 ; 121-132.
武島あゆみ・若杉弘子・西村良二・山本麻子・上里一郎（1993）精神療法における臨床経験年数と治療者の行動・態度．カウンセリング研究 26 ; 97-106.
田中千穂子（2002）心理臨床への手びき——初心者の問いに答える．東京大学出版会．
丹下庄一・日野弥恵（1982）プレイ・セラピストのイメージについて——初心者と熟練者の比較大阪市立大学生活科学部紀要 30 ; 229-237.
鑪幹八郎（1973）カウンセリング実習．In：倉石精一＝編：臨床心理学実習——心理検査法と治療技法．誠信書房，pp.204-246.
鑪幹八郎（1977）試行カウンセリング．誠信書房．
鑪幹八郎（1983）心理臨床家の現況とアイデンティティ．In：鑪幹八郎・名島潤慈＝編著：心理臨床家の手引．誠信書房，pp.3-17.
Thompson, A.P.（1986）Changes in counseling skills during graduate and undergraduate study. Journal of Counseling Psychology 33 ; 65-72.
鶴 光代（1986）カウンセリング実習とロールプレイ．In：前田重治＝編：カウンセリング入門——カウンセラーへの道．有斐閣選書，pp.248-262.
内田桂子・村山正治・増井 武（1978）カウンセリングにおける関係認知の分析——トライアル・カウンセリングによる試み．心理臨床研究 4 ; 80-106.
上村恭子・小海富美代・井出尚子・箕浦亜子・田淵尚子・須佐祐子（2014）心理臨床家の専門家としての発達に関する研究（1）——日本語版スーパーヴァイジー職業的発達尺度（Supervisee Levels Questionnaire）作成の試み．多摩心理臨床学研究：明星大学心理相談センター研究紀要 7 ; 7-15.
上野まどか（2010）カウンセラーを志望する大学院生の動機と臨床実践で感じる困難との関係．明治学院大学大学院心理学研究科心理学専攻紀要 15 ; 9-26.
氏原 寛（1997）ロールプレイとスーパーヴィジョンについて．In：氏原 寛＝編：ロールプレイとスーパーヴィジョン．有斐閣，pp.248-263.
鵜養美昭（2001）スクールカウンセラーと教員との連携をどう進めるか．臨床心理学 1-2 ; 147-152.
宇留田麗（2003）コラボレーション．In：下山晴彦＝編：よくわかる臨床心理学．ミネルヴァ書房，pp.24-25.
Wachtel, P.L.（1977）Psychotherapy and Behavior Therapy : Towards an Integration. New York : Basic Books.
Wampold, B.E.（2001）The Great Psychotherapy Debate : Models, Methods and Findings. Mahwah, NJ : Lawrence Erlbaum Associates.
割澤靖子（2009）発達に偏りのある中学生男児との面接過程——内に秘めた思いを言葉にする作業をともにして．東京大学大学院教育学研究科臨床心理学コース紀要 32 ; 56-68.
渡部 淳（1963）治療関係における共感過程についての実験的考察．臨床心理学研究 2-3 ; 128-142.
山田俊介（2007）カウンセリングの基礎学習としてのロールプレイに関する一考察．香川大学

教育実践総合研究 14；71-79．

山本 力・鶴田和美（2000）心理臨床家のための「事例研究」の進め方．北大路書房．

山本智子・花屋道子（2009）心理療法における治療者の陽性感情をめぐる一考察――心理臨床初心者の発達的変化に着目して．弘前大学大学院教育学研究科心理臨床相談室紀要 6；19-28．

山本 渉・須川聡子・曽山いづみ・割澤靖子（2012）小学校における教師とスクールカウンセラーの協働のあり方の現状分析――国内の研究動向の概観と文献から抽出された記述の分類・整理から．心理臨床学研究 30-4；583-593．

山下一夫・中野秀美・中津郁子（2010）乳幼児との関わりと心理臨床――臨床心理士養成のための保育実習のあり方．鳴門教育大学研究紀要 25；65-72．

吉村隆之（2012）スクールカウンセラーが学校に入るプロセス．心理臨床学研究 30-4；536-547．

吉澤佳代子・古橋啓介（2009）中学校におけるスクールカウンセラーの活動に対する教師の評価．福岡県立大学人間社会学部紀要 17-2；47-65．

索引

人名

Carkhuff, Robert 044, 209
Delworth, Ursula 040, 041, 216
Engel, George 029, 209
Erickson, Erik 026
Ivey, Allen 044, 211
Kagan, Norman 044, 212
Lambert, Michael 024, 066, 211, 213
Lazarus, Arnold Lazarus 025, 213
Linehan, Marsha 026, 213
Messer, Stanley 025, 213
Rønnestad, Michael 038-043, 059, 122, 164, 215, 216
Rozenzweig, Saul 025, 215
Schön, Donald 028, 031, 209, 215
Skovholt, Thomas 038-043, 059, 122, 164, 215, 216
Stoltenberg, Cal 040, 041, 216
Wachtel, Paul 025, 217
Witmer, Lightner 022
河合隼雄... 027, 032, 033, 058, 061, 062, 212, 214
下山晴彦... 021-023, 027-030, 032-034, 036, 057, 061, 062, 214-217
中釜洋子 023-026, 029, 036, 037, 196, 214
中村雄二郎 031, 214
平木典子 036, 039-041, 043, 063, 064, 211
村瀬嘉代子 036, 057, 059, 063, 122, 164, 210, 211, 214, 216

A

APA（The American Psychological Association）...... 027, 028
awareness of complexity 043, 059, 122, 164
CMT（Cognitive Mapping Task）.................... 052
HRT（Human Relations Training）................... 044
IRP（Interpersonal Process Recall）.................... 044
MC（Microcounseling）.................... 044
Practitioner Model 031, 032, 195
Scientist-Practitioner Model 031
Society for the Exploration of Psychotherapy Integration 024

あ

アイデンティティ 040, 051
曖昧さへの耐性 043
アセスメント ....034, 054, 058, 165, 176 [▶見立て]
　心理――能力 050, 051
暗黙知 028
移行プロセス 075, 084-086, 088-092, 095, 096
異文化受容力 043
エビデンスベイスト・アプローチ 029
エンカウンター・グループ 057
援助観 051
オリエンテーション 104, 114, 132, 140

か

カウンセラー複雑性モデル 040
カウンセリング 013, 039, 040, 050, 052, 061, 065
　――・スキーマ 052
　試行―― 061

219

科学者－実践者モデル............027, 028, 030-032, 034, 036, 048, 195
科学性................027, 028, 030-034, 036, 037, 195
科学の知..031
学習
　――の発展状況............................157, 161, 165
　――のポイント....097-103, 133-138, 162-167, 191-193
　自身の感覚や判断に依拠する学び..........107, 110, 111, 116-118, 123-125, 133, 137, 139, 143, 145, 147, 151, 153-155, 158, 159, 168, 199
　初学者の――プロセス.......107, 108, 111, 114-118, 120-122, 126, 129, 131-133, 136, 139, 143-145, 150-153, 155-158, 161, 162, 168
　知識や助言に依拠する学び......................107, 109, 111, 115, 116, 118, 123-125, 129, 133, 137, 139, 143, 145, 146, 151, 153-155, 158-160, 168, 198
家族療法...............................022, 023, 104, 140
学級担任制.....................................……169, 188
技能の発達.............018, 021, 037, 038, 048-050, 065-067, 071, 196, 197, 200
技法的折衷..025
逆転移..054, 063
教育・訓練........017, 018, 032, 035, 038, 041, 044, 048, 049, 053-057, 061-067, 071, 101-103, 105, 114, 132, 134, 135, 139, 162, 167, 196-198, 211
　トレーニングの効果.........................045-048, 196
教育分析..063
共感的理解..............................040, 050, 054
共通因子..024, 025
　――アプローチ.......................................025
協働............016, 018, 029, 034, 035, 143-145, 148, 157, 164, 167, 169, 177-182, 186, 188-193, 200 [▶コラボレーション] [▶連携]
　一定の――関係....................................185
　一定の距離を置いた――..................173, 177
　キーパーソンと位置づけた――.........180, 181
　教師のニーズに応じた――.........173, 176, 177
　教職員の一人と位置づけた――.........181, 182
　――・関係構築............018, 167, 168, 170, 185, 188, 190-193, 199, 200
　――関係の基本枠....................172, 173, 178, 182

情報共有を中心とした――.................173, 176
チームの一員と位置づけた――...............181
近代科学...022
近代市民社会...022
クライエント中心療法................022, 104, 140
グラウンデッド・セオリー・アプローチ.........074, 171
修正版――...105, 141
芸術療法...064
ケースカンファレンス....................105, 106, 141
ケース・マトリックス...107, 111-113, 141, 146, 148, 149
効果研究..066
行動療法..022
公認心理師法..035
個人差........017, 018, 045, 066, 071, 072, 074, 087, 095-100, 103, 104, 107, 111, 114, 125, 129, 139, 140, 143, 150, 159-161, 164, 168, 197-199
個人的資質..043, 066
個人療法..023
コミュニティ心理学...........................022, 023
コラボレーション................035 [▶協働] [▶連携]

さ

自己一致..053
自己効力感..046, 065
自己省察..043
自己理解....049, 056, 057, 063, 088-090, 096, 099
システムオーガニゼーション...............034, 055
自然科学..033
実証研究........023, 024, 029, 032, 033, 041, 044, 045, 047-049, 053, 057, 065, 169, 196
実践性................027, 028, 030-034, 036, 037, 195
実践知の獲得............................139, 163, 199
実践に関する研究.......................033 [▶科学性]
実践を通しての研究....................033 [▶実践性]
社会的要因..029, 034
修行..060
主体的トライアル・アンド・エラー.........103, 136, 137
守秘義務..........................101, 174, 175, 178, 186
循環的心理力動アプローチ..........................025

省察的実践者 028
職業発達 038, 039, 041, 043, 044, 048-050,
    053, 054, 056, 058-060
    初学者特有の――のプロセス 044, 048,
        049, 065, 066, 196, 197
    ――の阻害要因 042, 053
    ――の促進要因 038, 042-044, 049, 056,
        057, 059, 060
自律性 .... 040, 043, 047 [▶他律性]
事例研究 034, 061, 062
心理検査 055, 064
心理的要因 029, 034
心理療法の効果 024, 066
スーパーヴィジョン 013, 014, 016, 017, 039,
    041, 044, 047-049, 053, 055, 057, 061, 063,
    064, 105, 106, 141, 142
    スーパーヴァイザー 014, 040, 041, 047,
        064, 119
    スーパーヴァイジー 040, 041, 047, 065
スクールカウンセラー 168-193
スクールカウンセリング 018, 168, 169, 199
精神分析 022, 024, 104, 140
成長の最近接領域 201
生物－心理－社会モデル 027, 029, 030, 034-
    036, 195
生物的要因 029, 034
説明責任 023, 029
セラピスト・フォーカシング 064
先入観 052-054
専門活動 029, 030, 034-036, 195

た

体験的実習 071, 074
対人関係 022, 023, 043, 075-077, 087, 095, 098
対人関係論 022, 023
他律性 .... 043 [▶自律性]
調査協力者 072-074, 104-107, 111-114,
    140-142, 146, 148-150, 170, 171
調査研究 018, 067, 071, 097, 098, 100, 103,
    104, 132-136, 139, 140, 145, 161, 162, 165,
    166, 168-170, 187, 191, 193, 197-200
通常学級 072, 073

つなぎの視点 107, 111, 112, 120, 121, 131,
    132, 136, 143, 145, 148, 150, 155, 157, 158,
    160-166, 191, 192, 199, 200
動機 054
統合
    エコシステミックな―― 026
    回復ステージに沿った―― 026
    学際的もしくは多面領域的な―― 026
    帰納的―― 026
    精神症状や問題別の―― 026
    同化的―― 025
    理論的―― 025
統合的心理療法 036, 104, 140
    関係系志向の統合的アプローチ 036
統合的発達モデル 040
統合モデル 025-027, 029, 036
    関係療法中心の―― 036
特別支援学級 072, 073

な

日本心理臨床学会 031, 062
乳幼児観察 064
認識論 023, 028, 031
認知行動療法 022, 104, 140

は

発達課題 015
発達段階モデル 039
発達的モデル 039-041, 050, 114, 150
半構造化面接法 104, 140, 170
フェイスシート 105, 141, 171
複雑さ
    ――への気づき 043, 059, 122, 164
    ――を捉えつないでいくこと 056, 059,
        122, 164
複線径路・等至性モデル 074
ブリーフセラピー 104, 140
プレイセラピー 014, 050
分岐点 075, 095-097, 122, 123, 125, 126, 129,
    131-137, 158-163, 199

ヘルピングスキル・トレーニング 044-046, 048, 061
変化のプロセス 018, 025, 071, 103, 139, 197-199
弁証法的行動療法 026
ポジション
 観察者 —— 074, 077, 078, 084-091, 095, 096
 客観的 —— 075, 077, 080, 088-092, 094-096
 当事者 —— 074-077, 084-087, 091, 095, 096
 俯瞰的 —— ... 075, 077, 082, 091, 092, 094-096, 099, 198
ポストモダン 023
ボランティア 016-018, 045, 046, 071-075, 078, 083, 084, 086-101, 103, 105, 134, 141, 193, 197, 198
 ——の体験プロセス 074, 075, 095-099, 198

ま

マスター・セラピスト 041

マルチモダルセラピー 025
見立て .... 041, 055, 127, 128, 172-176, 178-180, 182, 184, 185 [▶アセスメント]

や

陽性感情 052

ら

リアリティ・ショック 051, 054
臨床実務経験 018, 137, 139, 162, 168, 199
臨床心理学研究 033, 062
臨床心理士指定大学院 032, 103, 104, 107, 139, 143, 157, 167
臨床の知 031
連携 034, 035, 051, 055, 182, 184, 189
 [▶協働] [▶コラボレーション]
ロールプレイ 035, 061, 062

著者略歴

割澤靖子
（わりさわ・やすこ）

1982 年愛媛県生まれ。お茶の水女子大学生活科学部卒業，東京大学大学院教育学研究科修士課程修了，東京大学大学院教育学研究科博士課程修了。博士（教育学）・臨床心理士・家族心理士。埼玉大学非常勤講師，創価大学心理教育相談室非常勤相談員などを経て，現在，株式会社商船三井に企業内カウンセラーとして従事。

心理援助職の成長過程
（しんりえんじょしょく　　せいちょうかてい）

ためらいの成熟論
（せいじゅくろん）

印　　刷	2017 年 2 月 5 日
発　　行	2017 年 2 月 10 日
著　者	割澤靖子
発行者	立石正信
発行所	株式会社 金剛出版（〒 112-0005 東京都文京区水道 1-5-16）
	電話 03-3815-6661　振替 00120-6-34848
装　幀	戸塚泰雄（nu）
印刷所	太平印刷社
製本所	誠製本

ISBN978-4-7724-1537-8　C3011　©2017　Printed in Japan

統合的心理療法の事例研究
村瀬嘉代子主要著作精読

［編著］＝新保幸洋　［出典著者］＝村瀬嘉代子

●A5判　●上製　●320頁　●定価 **4,200**円＋税
●ISBN978-4-7724-1234-6 C3011

村瀬嘉代子の著作を徹底的に精読・解説した第Ⅰ部とその主要論文をセレクトした第Ⅱ部からなる主要著作精読集。オリジナルな作品のみがもつアウラを感じることができる統合的心理療法ガイド。

臨床心理アセスメント入門
臨床心理学は，どのように問題を把握するのか

［著］＝下山晴彦

●A5判　●並製　●232頁　●定価 **3,200**円＋税
●ISBN978-4-7724-1044-1 C3011

臨床心理学の最新知見に基づく臨床心理アセスメントの方法を全23回の講義を通して解説。心理的問題の総合的把握の枠組を開陳する臨床心理アセスメント実践入門。

心理療法における言葉と転機
プロセス研究で学ぶセラピストの技術

［著］＝山尾陽子

●A5判　●上製　●240頁　●定価 **3,200**円＋税
●ISBN978-4-7724-1412-8 C3011

5人のセラピストへのインタビューから面接のプロセスを辿りベテランセラピストの臨床的経験則を解読する。セラピストの言葉の機能に焦点を当てた心理療法の効果を解明する画期的な試み。